ひと言で伝えろ

できる人は
「誰でも」「短く」
話している

石田章洋
Akihiro Ishida

WAVE出版

はじめに

できる人は「短く」「わかりやすく」伝える

長年、テレビの現場で仕事をしてきて、実感することがあります。それは、できる人の説明は、例外なく「短くてわかりやすい」ことです。

一方で残念な人は、その逆が目立ちます。つまり、説明が長くてわかりにくいのです。そのような説明をする人は、聞き手をイライラさせてしまいます。

とくに、いまは生産性の向上が重視される時代ですから、短くてわかりやすい説明は、どんな仕事においても求められるスキルとなっています。

では、どのような説明が短くてわかりやすいのでしょうか？

まずは、ある人物が「時間の相対性」について説明した言葉を読んでみてください。

「熱いストーブの上に1分間、手を乗せてみてください。まるで1時間ぐらいに感じられるでしょう。ところが、かわいい女の子と一緒に1時間座っていても、1分間ぐらいにしか感じられない。それが相対性というものです」

これは、「相対性理論をわかりやすく説明してほしい」と言われたアルベルト・アインシュタインが、ユーモアを交えて語ったとされる言葉です。

私のような物理学の基本的な知識のない人間に、相対性理論をゼロから正確に伝えようとしたら、おそらく何十時間もかかるでしょう。

「誰から見ても光の速度は一定であり、光速に近い速度で運動している人に対して流れる時間は、外の人に対してゆっくり流れている。つまり、絶対的な時間が単独で存在しているわけではなくて、時間は重力や速さの影響を受けている相対的なもので……」などと、どれほどかみ砕《くだ》いて時間の相対性について説明されても、私などは頭の中で「?」が増えていくだけです。

ですが、アインシュタインのように短くてわかりやすい説明ならば、物理の知識がない人間でも、「時間とは相対的なものなのだ」とわかったような気になれます。

ひと言で周囲を納得させる人々

あなたのまわりにも、こうした短くてわかりやすい説明を得意としている人がいるのではないでしょうか？

説明は短くて簡潔《かんけつ》なのに、内容が明確で説得力があるので、周囲が思わず納得してしまう。そのようなひと言を発する人です。

そういう人はたいてい、周囲から「この人、できる！」と思われています。

また、たとえ話がうまかったり、アイデアマンであったりもしますし、「一を聞いて十を知る」ような理解力にもすぐれているはずです。

私の周囲では、先輩放送作家のKさんがそうでした。

Kさんは数々のヒット番組を手がけてきた、ベテラン放送作家です。

放送作家は、よくしゃべるタイプの方が多いのですが、このKさんはどちらかといえば寡黙《かもく》なタイプで、ムダ話をするほうではありません。

ところが、会議で「ああでもない、こうでもない」と議論の出口が見えなくなってきたときなど、「ここぞ」というときにKさんは口を開きます。

そして「**それって、こういうことじゃない？**」とひと言で、自分の意見を説明するのです。しかも、その発言が的を射ている。ですから、Kさんのひと言に、会議に出席しているみんなが、うなってしまうことがよくありました。

このようなことが続くと、「Kさんが言うなら、そうかもしれない」と周囲が思うようになり、Kさんのひと言に説得力が増していきます。

そうなれば、やがて「Kさんが言うのだから、それで行こう」といった空気になります。まさに絶大な信頼を寄せられるわけです。

「昭和塔」が「東京タワー」へ

ちなみに東京タワーの名称も、そうした絶大な信頼を寄せられていた人の「鶴《つる》の一声」で決まりました。

昭和33（1958）年に完成した東京タワーの名称は公募で選ばれたものですが、じつは公募で最も多かった名称は「昭和塔」でした。審議会が開かれて、一度は「昭和塔」で決まりかけたのですが、そのとき、異を唱えた人がいたのです。

それが当時のマルチタレントで、審議会の審査委員長だった徳川夢声《とくがわむせい》さんでした。徳川さんが全体の0・25％しか応募のなかった「〝東京タワー〟がいい！」と言い出して、応募数とは関係なく名前が決まったそうです。

徳川夢声さんは、いまでも使われている「彼氏」や「恐妻家《きょうさいか》」といった流行語を生み出していた人気者でした。ですから「夢声さんが言うなら、それがいい」と周囲が納得して「東京タワー」に決まったわけです。

短くてわかりやすい伝え方にはコツがある

ひと言で周囲を納得させることができる人の中には、もともとＩＱが高く、頭が切れる方もいるでしょう。先述したＫさんはそういった人でした。

私も、Ｋさんのようなできる人になりたい――。そう考えましたが、「もともとの頭の出来が違うから、絶対そんなの無理だろう」などとあきらめていました。

しかし、じつはあるスキルをみがくだけで、誰でもＫさんや徳川夢声さんのように、短くても説得力のある伝え方ができるようになるのです。最初の出会いから数年後、私はＫさんから直接、そのコツについて聞くことができました。

それまでの私は、会議での発言やプレゼンでの説明の際、

「それで結局、何が言いたいの？」
「ひと言で言うと、それどういうこと？」
「もう少し要領よく話してくれないとわからないな」

などと言われることが多かったのです。

ですが、そもそも放送作家に求められるのは、多くの情報をいかにコンパクトにまとめて、わかりやすく伝えることができるかどうか。

放送時間が限られているため、ときには「15秒で、オートファジーとは何かを説明してもらいたい」といった無茶ぶりをされるようなこともあります。

ですから、短くわかりやすく説明するノウハウは、放送作家として仕事をしていくための必須条件。そのコツを教えてもらったおかげで、およそ30年、放送作家として生きていくことができたのです。

この本は、その「短くてわかりやすい説明」をするコツについて書いたものです。

第1章では、そもそも「わかりやすさ」とは何なのかを、視聴者に「短く」「わかりやすく」伝えることがミッションである放送作家なりに考えたことを書きました。

第2章と第3章は「短くてわかりやすい説明」の基本です。

・上司にもっとうまく説明しろと言われた
・会議やミーティングで、自分の意見をうまく伝えられないことがある
・商品のよさを得意先やお客さんにうまく説明できなかった

もし、あなたにこのような経験があったら、まず基本から覚えましょう。

第4章では、誰でも短くわかりやすい話ができる3つの「型」を紹介します。この3つの型さえ頭に入れておけば、明日からでも、短くてわかりやすい説明ができるようになります。

第5章で紹介するのが、前述したKさんから教わったスキルに、私なりの解説を加えたものです。短くてわかりやすいだけでなく、周囲をうならせる説明ができるようになるための最大のコツが、このスキルです。ひと言で言えば、「短い言葉の中に、より多くの情報を凝縮して説明するためのノウハウ」です。

もし、あなたが説明することに苦手意識を持っているなら、このスキルをぜひ実践してみてください。半年後には、きっと周囲から「あの人、できる！」と思われるようなビジネスパーソンになっているはずです。

第6章は、それまでの章で紹介したノウハウをもとにした「短くてわかりやすいメール」の書き方についてです。じつは「短くてわかりやすい説明」と「短くてわかりやすいメール」には、共通のルールがいくつもあります。メールを書くことに苦労している方は、ぜひ参考になさってください。

いずれの章も、説明のノウハウ同様、短くわかりやすく書くことを心がけました。この一冊が、ビジネスシーンでの説明を苦手としている方に、少しでもお役に立てるなら幸いです。

石田章洋

ひと言で伝えろ　目次

第1章 伝わらない原因は「不足」ではなく「過多」

第2章

必要な情報だけをわかりやすく伝える

第3章

相手の「印象」と「記憶」に残る効果的な説明

第4章 すべては「この3パターン」に落とし込める

第6章

メールも「短い」ほうが「わかりやすい」

第1章

伝わらない原因は「不足」ではなく「過多」

ビジネスシーンで短い説明が求められる理由

わかりにくさの最大の原因は「説明が長い」こと

「説明がわかりにくい」と言われてしまう人の最大の特徴《とくちょう》、それは説明が長いことです。反対にできる人の説明は短いのにわかりやすい。いえ、むしろ短いからこそわかりやすいのです。

長い説明が伝わらない理由も、極めてシンプル。それは、いちばん伝えたいことは何なのか、焦点がぼやけてしまうからです。

たとえば、あなたが居酒屋さんに行ったとします。そこでご主人に「今日のおすすめは何ですか？」とたずねたところ、ホワイトボードを見るように言われました。

本日のおすすめ!!

キンメダイの刺身
きゅうりの梅和え
冷やしトマト
小松菜のおひたし
枝豆
若鶏のから揚げ
ナンコツのから揚げ
焼きなす
ササミチーズ春巻
砂肝キムチ炒め
ごぼうのから揚げ
肉じゃが
いぶりがっこ
チーズつくね春巻
カキの土手焼き
チキンカツ

マグロの刺身
かぼちゃの煮物
コーンバターソテー
ほうれん草ベーコン
豚のしょうが焼き
ピーマンの肉詰め
レンコンの明太炒め
マグロユッケ
焼き鳥の盛り合わせ
漬物の盛り合わせ
はんぺんフライ
マカロニサラダ
ポテトサラダ
納豆サラダ
長芋のサラダ
トンカツ

そのホワイトボードに、上のように、おすすめメニューがびっしりと並んでいたら、あなたはどう思うでしょう。

これでは、どれが本当におすすめなのかわからなくて、選ぶ気が起きません。

一方「今日のおすすめは何ですか?」とたずねたところ、ご主人に「**マグロの刺身がおすすめだよ。本マグロのいいのを安く仕入れたからね**」と言われたら、「では、それをお願いします」となるでしょう。

「あれもこれもおすすめ」ではなく、「今日はマグロの刺身」と絞り込んで伝えてくれたから、迷うことなくオーダーできるのです。

説明もそれと同じです。いちばん言いたいことに、ほかの要素を混ぜて長くしてしまうと焦点がぼやけて、言いたいことがわかりにくくなってしまいます。

伝わらないのは「説明不足」が原因？

話の長い人の中には、真面目な性格の方が多くいます。

真面目だからこそ「正確に伝えたい」「漏《も》れなく伝えなければならない」と考え、あれもこれもと、いろんな要素を詰め込んでしまうのではないでしょうか。

そうした人は、説明が伝わらない理由を「自分の説明不足が原因」と考えているようです。そのため「次はもっと詳しく説明しよう」と考え、どんどん情報量を増やした結果、より説明が長くなってしまいます。

ですが、それは逆効果。**説明不足ではなく、伝わらないのはむしろ「説明過多」が原因です。**

あれもこれもと、いろんな要素を詰め込んでしまうために理解されないケースのほうが、現実には圧倒的に多いのです。

仮に、あなたがおでん屋さんだったとして、カウンターのお客さんから、こう注文されたらどうでしょう。

「大根と厚揚げ、しらたき、卵に牛すじとがんもどき、それとウインナー巻きにタコ、つみれとはんぺん、餅《もち》入り巾着《きんちゃく》にロールキャベツにちくわぶとジャガイモ。以上、よろしく！」

メモでも取らない限り、とてもではありませんが、一度には覚えられません。情報過多の説明は、このおでんの注文の仕方と同じなのです。

人が一度に処理できる情報は3つまで

突然ですが、ちょっとしたテストをおこなってみましょう。

次にあげる10桁《けた》の数字、あなたは10秒間で記憶することができるでしょうか？

０４３０８３０２１３

いかがでしょうか？

よほど記憶力のすぐれた人でない限り、10桁の数字を10秒で覚えるのは難しくないでしょうか。

ですが、この10桁の数字を3つのグループに分けて、語呂《ごろ》合わせして意味づけしてみたらどうでしょう。

043（おじさん）
083（おばさん）
0213（おにいさん）

ランダムに並んだ10桁の数字を覚えるより、はるかに記憶しやすくなったはずです。

その理由は10あった要素を、意味を持つ3つのかたまりに分けたからです。

人間は、一度に処理できる情報の量が決まっています。じつは、3つから5つくらいの要素までしか、一度に処理できないそうです。

ただし、5つも一度に処理できるのは、かなり優秀な人なので、ハードルを下げて

「普通の人は、一度に3つまでしか情報を処理できない」と考えたほうがいいでしょう。

おでんを注文するにしても、「まずは大根と厚揚げ、あとしらたき」と、3つずつでないと、相手は処理しきれません。

固定電話の番号も10桁の数字ですが、「03－3×××－5×××」と3つのかたまりに情報を分けることで、ようやく覚えられるのです。

長い説明は聞き手のストレスになる

ビジネスの場での説明も同じです。商品を説明するにしても「商品名」「特徴」「価格」「使用方法」「アフターサービス」「他社製品との違い」など、さまざまな要素を一度に話しても、相手には伝わりません。情報過多で相手の脳が処理できないからです。

人は処理しきれない情報を一度に与えられると、ストレスを感じます。親切心や義務感から、情報過多の長い説明をしている人は、むしろ相手にストレスを与えてしまっているのです。

これまで長々と丁寧《ていねい》すぎる説明をしてきた方の中には「説明が短いと、わかってもらえないのではないだろうか」といった不安を感じる人もいるでしょう。

もちろん、説明が「ただ短ければいい」わけではありません。短い話の中にも、必要充分な情報がきちんと入っていて、それがわかりやすく、相手に伝わらなければ意味がありません。その具体的な方法については、第2章以降でご紹介していきます。

孫正義の「結論から言え」

「悪いけど、ひと言で言ってくれ」

「要点をまとめてくれないか」

「ようするに、何が言いたいの？」


あなたは上の立場の人から、そんなふうに言われたことはないでしょうか。リーダーや上司は、つねに簡潔でわかりやすい説明を求めているものです。なぜなら、情報を聞かされた以上、上司はそれについての判断や分析をしなくてはならないからです。

それなのに「あれも、これも」と聞かされたほうはどうでしょう。いくら優秀な上司といえども、聖徳太子《しょうとくたいし》ではありません。一度に大量の情報処理を強《し》いられるのは苦痛でしかないのです。

投げられたリンゴをキャッチして、すでに両手がふさがっているのに、まだまだリンゴを投げてこられたら、あなただって困るはずです。

ビジネスの場では、とにかく短い説明を心がけてください。とくに、説明する相手が上司やリーダーの立場にある人であれば、なおさらです。

上司やリーダーは、多忙なうえに決断を下す人です。そうした人に向かって、延々と要領を得ない説明をしてしまうと、彼らの貴重な時間を奪い、判断を鈍らせることにもなります。

たとえば、ホンダ（本田技研工業）の創業者である本田宗一郎《ほんだそういちろう》さんは、長々とした説明を受けたときは「**そりゃ、ひと言で言うとなんだ？**」が口癖だったと言います。ソフトバンクの孫正義《そんまさよし》会長も、要領を得ない説明を聞くと「**結論から言え**」と必ず言うそうです。それは彼らが多忙で、つねに判断を迫られているからにほかなりません。

また、あなたが説明しようとしていることについて、上司やリーダーは、すでに経験に裏打ちされた知識や情報を持っているケースがほとんどです。

それなのに、長々と前提条件から説明されると「そんなことはわかっているから、端的に結論を言ってくれ」となるのです。

上司とのやり取りだけではありません。チームで仕事をしている場合、同僚への説明が長いと、メンバーの時間を奪うだけでなく、大事な説明が伝わらないことによるコミュニケーション不足で、チーム全体の生産性も低下してしまいます。

短くてわかりやすい説明ができるようになれば、あなた自身の評価が上がり、チームの生産性も向上します。

しかも、言いたいことを短くズバッとひと言で言えるようになると、あなた自身のストレスも軽減します。人生そのものが大きく変わるのです。

情報オーバーロード時代の伝え方

いまはただでさえ、情報があふれかえっている時代です。

アメリカの未来学者で評論家、作家としても有名なアルビン・トフラーは、すでに1960年代に「情報オーバーロード」なる造語をつくっていました。

情報オーバーロードとは、情報が多すぎることによって、かえって必要な情報が埋《う》もれてしまう状態のことです。情報が多くなればなるほど、受け取った人の処理が追いつかなくなり、物事を判断するために必要な情報を特定できなくなると言います。

ＩＴの普及で、あなたが説明をおこなう相手の頭の中にも、すでにさまざまな情報があふれかえっています。世界の情報貯蔵量は、１９８６年から２００７年までのわずか21年間で、じつに１００倍以上増加しています。さらに２０１４年の時点で、その量は１９８６年の１５０倍に達するまでに膨張《ぼうちょう》しているそうです。

こんな時代に、さらに膨大な情報がバラバラのまま整理されることもなく、長くてわかりにくい説明となって聞かされることは、ストレス以外の何物でもありません。

「**簡素化とは、不要なものを削《けず》り、必要なものの言葉が聞こえるようにすることだ**」

これはピカソとも交流のあった抽象表現主義の画家ハンス・ホフマンの言葉です。

まさにこの言葉どおり、最も伝えたいことを際立たせるためにも、説明は短く簡潔であるべきなのです。

「わかりやすさ」は「正確さ」より優先される

「オートファジー」を10秒で説明する

放送作家の仕事では、いかに多くの情報をコンパクトにし、限られた時間の中で、視聴者にわかりやすく伝えることができるかどうかが問われます。

ときには10秒間のナレーションで、難しい政治や経済のトピックについて、視聴者にわかってもらえるように説明しなくてはなりません。

とくに大変なのが、日本人がノーベル物理学賞や生理学医学賞を受賞したときです。「オートファジー」「ニュートリノ」など、全然わからないことでも、どういうものかを視聴者にわかってもらえる台本や、ナレーション原稿を書かなければなりません。

そういうときは、なるべくやさしく解説された資料を探して、自分なりに理解してから、原稿に落とし込む必要があります。

2016年には、ノーベル生理学医学賞を、東京工業大学の大隅良典《おおすみよしのり》栄誉教授が受賞しました。受賞理由は、細胞内部のオートファジーのメカニズムの解明でした。このようなときには「オートファジーの仕組み」をわかりやすい原稿にします。ちなみに、オートファジーをウィキペディアで調べてみると、次のようにありました。

×

「オートファジーは、細胞が持っている、細胞内のタンパク質を分解するための仕組みのひとつ。自食《じしょく》とも呼ばれる。

酵母からヒトにいたるまでの真核生物に見られる機構であり、細胞内での異常なタンパク質の蓄積を防いだり、過剰にタンパク質合成したときや栄養環境が悪化したときにタンパク質のリサイクルを行ったり、細胞質内に侵入した病原微生物を排除することで生体の恒常性維持に関与している。

このほか、個体発生の過程でのプログラム細胞死や、ハンチントン病などの疾患の発生、細胞のがん化抑制にも関与することが知られている」

おそらく、これをそのままナレーションにしても、視聴者には伝わりませんし、興味も持ってもらえないでしょう。ですから「オートファジーの仕組み」を、情報番組で「短く」「わかりやすく」説明するとしたら、次のようになります。

○「**オートファジーは、私たちの社会の〝あるシステム〟に似ています。それはゴミのリサイクル。細胞自身が細胞内のゴミを掃除しながら、リサイクルする仕組みなのです**」

このようにかみ砕いたうえに、視聴者にとって身近な事例に寄せて、オートファジーの仕組みを説明します。ざっくりとした説明なので、専門家の方には「正確さを欠いている」と指摘されてしまうかもしれません。

ですが、テレビはあくまで「わかりやすさ」を優先します。正確さを追求していけばいくほど、長くて伝わりにくい説明になってしまうからです。

こうした仕事ですから、いつも「どうしたら、もっと短くてわかりやすく伝えられるだろう」と考えてきました。

そもそも「わかる」とはどういうことか？

そんなとき大きなヒントになったのが、東京大学の畑村洋太郎《はたむらようたろう》名誉教授の著書『みるわかる 伝える』（講談社文庫）でした。

この本には「そもそもわかるとはどういうことか？」が、理解力に乏しい私にも、まさに「わかる」ように書いてあったのです。

畑村教授によれば、すべての事柄には「要素」と、その要素からなる「構造」があると言います。

たとえば、1杯の「カツ丼」があるとします（ソースカツ丼ではありません）。このカツ丼を分析してみると、「トンカツ」「卵」「タマネギ」「ご飯」「丼」といった「要素」で成り立っています。

そして「丼の中に、卵でとじたトンカツとタマネギがご飯の上に載っている」構造で、カツ丼が成り立っていることがわかります。

図①

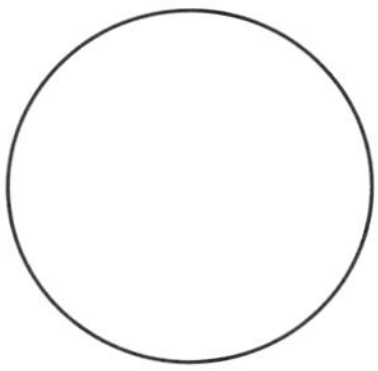

図②

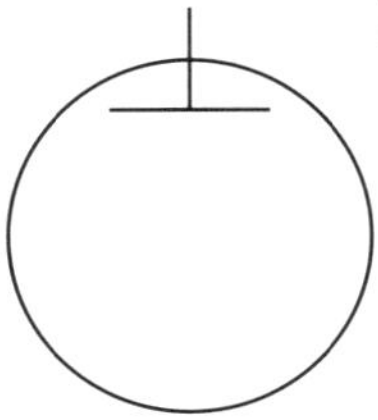

このように、世の中のすべてのものや事象は、いくつかの「要素」が絡み合う形で、必ずある「構造」をつくり出しているのです。その要素や構造によって、私たちはそれがどういうものであるか「わかる」「わからない」を判断しているのです。

まず、右上の図①を見てください。このままだと、ただの「○」です。

でも、それに線を引いた左上の図②はどうでしょう？

こうすると、先ほどは記号の「○」でしかなかったものが、「リンゴ」に見えるようになります。「球形」と「ヘタ」という、ふたつの要素が組み合わさった構造を、私たちがリンゴだと認識するからです。

それでは、次ページの図③ように、こうして「○」の中に2本の曲線を描き入れてみたらどうでしょう？

今度は「○」が、おそらく「野球のボール」として認識されたでしょう。これも頭の中に「野球のボールとはこういうものだ」といった記憶があるからこそ、そう見えるのです。

つまり人間は、新しく見聞きしたことが「自分の記憶にある要素や構造と合致《がっち》するかどうか」で「わかる」「わからない」を瞬時に判断しているということです。

ですから、自分の知っているパターンに当てはまったときは「わかる」となり、当てはまらないと「わからない」となるのです。

図③

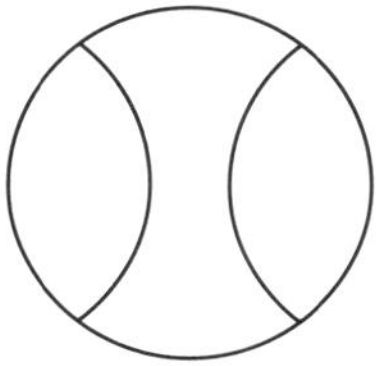

誰もが、新しく見聞きした事象を、日常のパターンに分類することで理解した覚えがあると思います。たとえば、ヘッドハンティングで他社から新しくやってきた上司がいたとします。その人についての情報は何もありません。

ですが、そのうち、やたら細かくてくどい性格であることに気づいたとしましょう。その際に「なるほど、これは高校時代の××先生のような性格だな。細かく粘着気質な人なんだ」とわかった気になるのです。

人は自分の記憶と結びつくことで「わかる」

他人の説明を理解するときも同じです。

たとえば「12世紀の中ごろからフランスで始まったゴシック美術について説明せよ」と言われた人が、こう答えたとします。

×

「ゴシック美術は、ゴート族の様式を意味するものであり、聖書の教えを視覚的に伝える役割を持っていました。とくにキリスト教では〝神は光である〟とされたことから、大聖堂には大きな窓が設けられていました。これは、それまでのロマネスク様式の建築では不可能だったことで、薄い壁の聖堂が建てられるようになったことがきっかけで……」

こんな説明を長々とされても、西洋の美術史に疎《うと》い人には、ゴシック美術がどのようなものか、まったく伝わりません。

一方で、このように説明された場合はいかがでしょうか？

○　**「ゴシック美術は、識字率の低かった当時の民衆に、聖書の教えを視覚的に伝える役割を持っていました。それを象徴するものが、大聖堂のステンドグラスです。キリスト教では〝神は光である〟とされたためです」**

このように説明されれば、美術の知識がない人も「なるほど」と思えるのではないでしょうか？

なぜなら、ほとんど誰もがステンドグラスを見たことがあるからであり、それが脳内の記憶と合致したから理解できたのです。

ですから「わかる」とは、「自分の持っている知識によって、ある要素や構造を解釈すること」と言えるかもしれません。

必ずしも記憶が正しいわけではない

ただし、もちろん、必ずしも過去のパターンどおりではないことも多々あります。いわゆる思い込みで「わかった」気になることもあるでしょう。

カモレレロ!

それどころか、むしろ過去のパターンとして記憶していたことが、新しく見聞きしたことの理解をさまたげるケースもあります。

たとえば、何年か前にツイッターなどで流行《はや》った「日本人にだけ読めないフォント」は、その典型と言えます。まだご存じでない方は、上の文字列を読み取ることができるでしょうか。

私もそうでしたが、ほとんどの日本人は「カモレレロ！」と理解します。

ですが、英語圏で育ち、日本語を知らない人が、この文字列を見たら「ＨＥＬＬＯ！」としか読めないそうです。

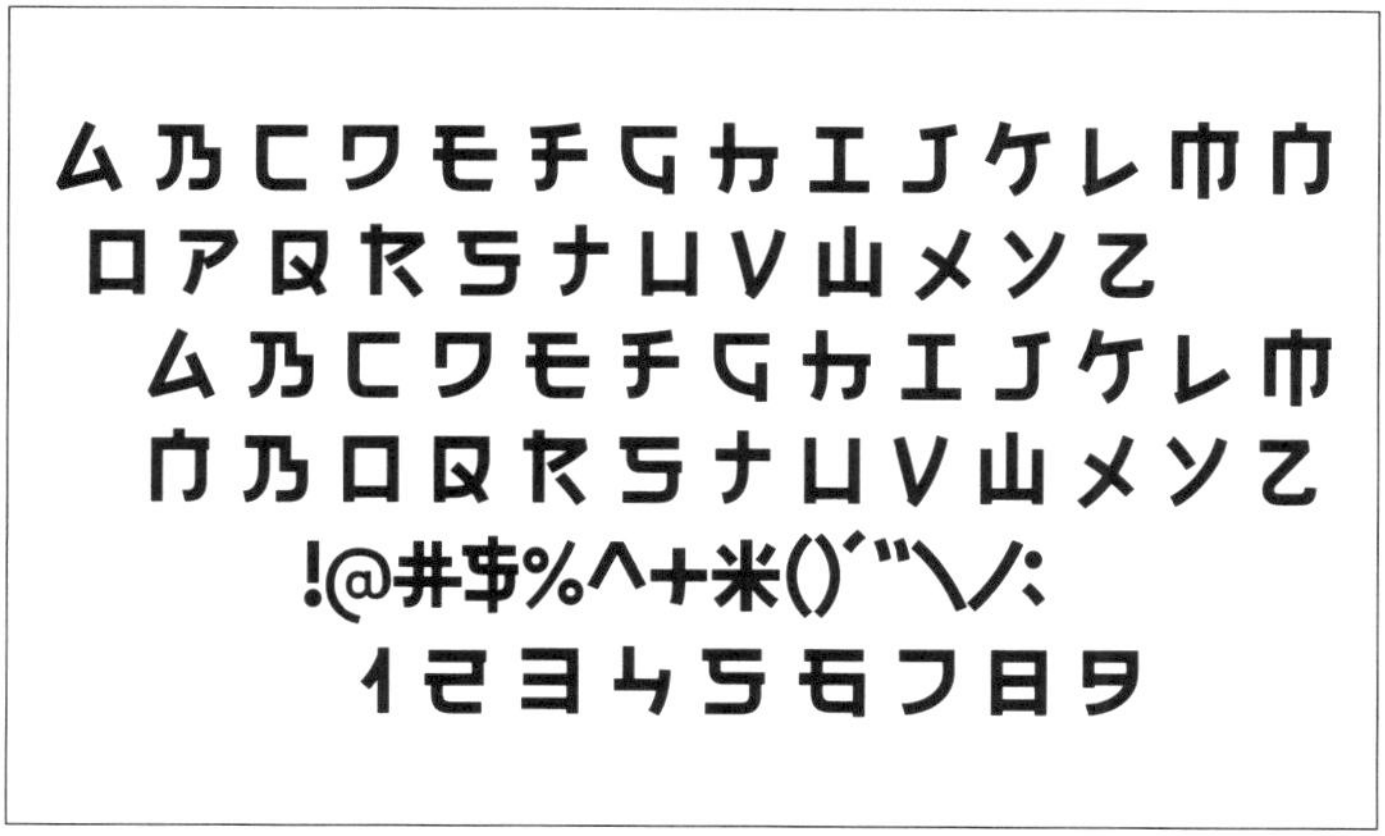

P38とともに『fontM.com』より引用

じつはこれ、日本在住のカナダ人男性がつくった「エレクトロハーモニクス」というフォント。

アルファベット表にすると、上のようになります。

英語圏で生まれ育った人には、すぐにアルファベットであると理解できます。

しかし、漢字やカタカナなど、日本語をベースにデザインされているため、日本人だけがうまく読むことができないのです。

これも、思い込みが理解をさまたげる例と言えます。

ですから、記憶のパターンに当てはめて「わかった」と考えることには危うさも伴うのです。

まず目指すは「わかった気にさせる」こと

ただし、どんな物事でも、一度にすべてを伝えきることはできません。また、説明だけで、すべてを理解させることもできません。

ラーメンの存在を知らない人に、どれほどラーメンについて丁寧に説明したとしても、実際に食べさせない限り、口頭で説明するだけでは１００％理解させることは不可能です。ですから、まずは「わかった気にさせる」ことが重要なのです。

アナウンサーの久米《くめ》宏《ひろし》さんが、ご自身のラジオ番組で、ジャーナリストの池上《いけがみ》彰《あきら》さんと対談したときのこと。久米さんは、池上さんがかつて出演していたＮＨＫの「週刊こどもニュース」と、テレビ朝日系で自分が出演していた「ニュースステーション」の違いを、このように語っていました。

「池上さんの『週刊こどもニュース』は、徹底的にわからせようとしていましたが、『ニュースステーション』は、いまだから言えることですが、わかった気にさせる番組

だったんです。すべてのニュースは、あまりにも深い。だから根本まで説明すると一日かかっちゃう。だからテレビを見ている人に〝わかった！〟って、一種のカタルシスを伝えられれば、それで充分だと思っていたんです」

まずは「わかった気になってもらう」ことから始めましょう。そのうえで、対話やフォローを重ねながら、理解を深めてもらう。そう考えれば、一気にすべて理解してもらおうとして、あれもこれも詰め込んだ長い説明にはなりません。

ただ、もちろん、これも時と場合によります。たとえば、新入社員に仕事のやり方を説明するときなどは「わかった気になってもらう」だけでは不充分です。説明したうえで、まずは自分でやってみせて、次にやらせてみて、きちんと理解してもらう必要があることは言うまでもありません。

長い説明では、記憶と結びつけられない

一方、上司への説明などでは、やはり簡潔さを心がけなくてはいけません。

「わかる」の仕組みを理解すれば、長い説明がなぜわかってもらえないかも、理解できるのではないでしょうか。

先述しましたが、畑村教授によると「新しく見聞きした事柄が、自分の頭の中に持っている要素や構造が合致するかどうか」で、人は「わかる」「わからない」を瞬時に判断していると言います。

この説に則《のっと》れば、長い説明はあまりにも要素が多すぎて、構造が複雑化しているため、相手が自分の頭の中の記憶と合致させにくく、理解しにくくなっているということになります。

一方、短い説明は、要素が絞り込まれていて、構造も極めてシンプルです。だから相手の知っているパターンに当てはまりやすい。つまり理解してもらいやすいのです。

まずは、だいたいの構造を理解してもらう。そうしてから、詳細な説明や例外などをしっかりフォローするだけで、伝わり方が大きく違ってきます。

第2章

必要な情報だけをわかりやすく伝える

説明は「ひと言」が基本

1回の説明にメッセージはひとつだけ

繰り返しになりますが、わかりやすい説明は、短くて構造がシンプルです。短くて構造がシンプルだからこそ、わかりやすいと言ってもよいでしょう。ですから「説明がわかりにくい」と言われてしまう人は、まず短くすることから始めましょう。

もちろん、短ければそれでいいわけではありません。短い説明に必要な情報が盛り込まれていることが必須条件です。

理想を言えば、短い説明の中に、多くの情報がぎゅっと凝縮されていることがベストです（そのノウハウについては、第5章で詳しくご紹介します）。

説明を短くまとめるために心がけたいのが、伝えたいことをひとつに絞ることです。

たとえば、プロジェクトの進捗《しんちょく》状況について説明するのであれば、まず「現状」だけを答えます。

このとき、作業が遅れたりしていたりすると、つい「いやあ、予想外のトラブルがありまして、ちょっと予定より遅れ気味で……」などと、言い訳を前置きに混ぜたくもなります。

ですが、それにしても最初に「**予定より3日ほど遅れています**」と現状を説明してから、「**その理由としましては……**」と遅延の要因について説明すればいいでしょう。

1回の説明に、メッセージはひとつ。これが、わかりやすい説明の鉄則です。

いいCMは「ワンメッセージ」

身近な例で言えば、コマーシャルがそうです。よくできたコマーシャルは、たいていの場合ワンメッセージです。

15秒といった限られた時間で、あれもこれも伝えようとしても、テレビを見ている人には伝わりません。

ですから、ワンメッセージに絞り込んで、その商品のよさを伝えているのです。

いい例がダイハツの軽自動車「ウェイク」のテレビCMです。俳優の玉山鉄二《たまやまてつじ》さんが「あんちゃん」役となり、温泉編、キャンプ編、サーフボード編などで、毎回コミカルな演技を披露して話題となっています。

この「あんちゃんシリーズ」のコマーシャルで伝えているのは、ウェイクが「軽自動車なのに室内空間が広い」という、その一点だけ。

ウェイクには、安全運転をサポートするスマートアシストもついていますし、燃費も悪くありません。

ですが、そうした点にはほとんど触れず、「ドデカクつかおう。」のコピーとともに、毎回、室内空間の広さだけを訴えています。だからこそ、メッセージがしっかりと伝わるのです。

ビートたけしの「こんなインタビュアーはイヤだ！」

もしも、あなたが映画監督だったとして、映画の完成披露記者会見で、次のような質問をインタビュアーから投げかけられたら、どう思いますか？

「今回の映画ですが、監督としてはどういう意図でお撮りになったのか知りたいのですが、その前に前作の評判について、あるいはその後、本作を撮影するに至るまでのプロセスについて教えてほしいのですが、まずは本作の見どころについて教えてください」

もはや、何について答えればいいのか、わからなくなってしまいますよね。これは、映画監督としてもさまざまな作品を世に送り出してきたビートたけしさんが、その著書『バカ論』（新潮新書）の中で紹介している、ひどいインタビュアーの例です。

質問回数が限られている会見のときなど、インタビュアーは、ついこのようにいろんな要素を詰め込んでしまいがちです。ですが、聞かれたほうはたまったものではありません。どれかひとつに絞って質問してほしい、と思ってしまうでしょう。

説明も同じです。あれもこれも伝えたいと思っていたとしても、まずは最も伝えたいことをひとつに絞りましょう。

そうすれば、長々とした要領を得ない説明にはなりません。

「何（誰）が、どうした」だけを意識しよう

日本語では結論をすぐに出すこと

ワンメッセージを伝える場合でも、余計な言葉を混ぜるのは避けたいところ。構造が複雑になり、伝わりにくくなります。**内容をひとつに絞ることはもちろん、話し始めたら、一文をなるべく早く「。（句点）」で締《し》めくくることを意識しましょう。**

日本語は、最後まで話を聞かないと、結論がわかりにくい言語です。ひとつのセンテンスが短ければ短いほど、結論がすぐに出てきます。

結論が早めに出てくるほうが、聞き手は話を理解しやすい。つまり、相手に伝わりやすい話し方になるのです。

そうするためにも、短い説明の基本となるパターンを覚えておきましょう。すべての

基本となるのが、「何（誰）が、どうした」です。

すべての基本は「何（誰）が、どうした」

短い説明の最小単位は「何（誰）が、どうした」です。まずは「何（誰）が、どうした」だけを話す。そう意識しているだけで、ひとつの話を短くすることができます。

5W1Hの「What／Who」＋「How／Where／When」を基本にしてみましょう。つまり「何が／誰が（What／Who）」＋「どうなった／どこにある／いつだ（How／Where／When）」が基本です。そのうえで、最後に「Why」で締めくくるようにすれば、余計な要素は入りません。

「何が／誰が（What／Who）」＋「どうなった／どこにある／いつだ（How／Where／When）」が「事実」で、「なぜなら（Why）」が「理由」です。これを意識するだけで、それまでの長々とした説明が短くわかりやすくなります。

たとえば、上司から「同僚A君の所在」を問われたとき、つい次のような要領を得ない説明をしてしまうことがありませんか？

×「Aですか？　あー、そういえば突然、打ち合わせの予定が入ったらしいですよ。それで、2時間くらい前に慌てて出かけていきましたね。えーと、たしか横浜まで行ってくるって言ってました」

日常でありがちな説明でしょうが、これも「何（誰）が、どうした（どうなる）。なぜなら～」を意識すれば次のように短くまとまります。

○「Aは横浜にいます。突然の打ち合わせが入ったようです」

このように、まずは「何（誰）が、どうした（どうなる）」といった「事実」を告げたうえで、次に「その理由」を簡潔に説明するようにしましょう。

それを意識するだけで、説明がシンプルで短くなります。

「主語」と「述語」を離してはいけない

「何が／誰が（What／who）」＋「どうなった／どこにある／いつだ（How／W

here／When）」を意識すると、主語と述語が近づくため誤解も生じません。

主語と述語が離れると、次の文章のようになってしまいます。あなたはすぐに理解できるでしょうか？

× **「コーチがミスしたあとに笑いながらプレーした選手を叱った」**

これでは、主語であるコーチがミスしたかのように受け取られてしまいます。日常の会話なら許されますが、ビジネスシーンでの説明であれば伝わりません。

主語である「コーチが」と述語である「叱った」を近づけて、もっと簡潔な文にしましょう。

○ **「コーチが選手を叱った。ミスをしたあとに笑いながらプレーしたからだ」**

まさに「何が（What）＋どうした（How）＋なぜなら（Why）」の型です。文章でもそうですが、述語はなるべく主語の近くに置きましょう。

主語と述語が離れると、それだけあいだに余分な情報が入ってきて、言いたいことが伝わりにくくなるからです。

ビジネスでは「だから何なのか」を意識する

一般的な説明であれば「何が（Ｗｈａｔ）＋どうした（Ｈｏｗ）＋なぜなら（Ｗｈｙ）」で話すケースが多いでしょう。ですが、ビジネスシーンでの「Ｗｈｙ」は、「なぜ、その事実を告げたのか」につながることもあります。言い換えれば「だから何なのか」です。

「納期が遅れそうです」といった事実だけでは、聞かされたほうにしてみれば「だから何なのか」となり、結局、何が言いたいのか理解できません。

ですから、続けて「締め切りを延ばしてほしい」とか「先方に遅れることを伝えてほしい」といった**「なぜ、その事実を告げたのか＝だから何なのか」を必ずつけ加えましょう。**

ビジネスの場では「何が（Ｗｈａｔ）＋どうした（Ｈｏｗ）＋だから何なのか（Ｗｈｙ）」の型も、短くてわかりやすい説明の基本です。

「言葉のひげ」を剃る

ムダを省けば説明は短くなる！

言葉のムダを省《はぶ》くことでも、説明を短くすることができます。知り合いのプロデューサーに、やたらと話の長い人がいます。

彼の説明は次のように、まさにムダだらけです。

「えー、視聴率がよくなかった理由を、俺なりに分析してみたんだが、まあ、裏番組が強かったこともなくはないし、連休だったことだってあるんだけど、まあ、うちの番組もなあ……。あ～、ちょっとつかみが弱かったってこともなくもないし、ゲストが少々しょぼかったってこともあるかもしれないし、その～」

以上のように延々と続けるのです。これでは、視聴率の悪かった原因を、スタッフが共有することはできません。こういう人、あなたのまわりにもいないでしょうか？

このプロデューサーの話からムダを省き、整理すれば、もっと短くなります。

まずは「ひげ」を剃ろう

最も単純に説明を短くする方法は、ムダな言葉を捨てることです。

ムダな言葉の代表は「え～」「その～」「まあ～」といった間投詞、いわゆる言葉のひげです。「～」がひげのような形なので、そのように呼ばれています。

この「～（ひげ）」が多いと、だらだらとした締まりのない説明になってしまいます。

ですから、テレビやラジオのアナウンサーは、こうした「～（ひげ）」のついたしゃべり方を絶対しないよう、徹底的に指導されます。

つい「え～」とか「その～」とか言ってしまう人は、大きく分けて次の3タイプになります。

①無意識タイプ

②未整理タイプ
③沈黙恐怖症タイプ

まず①の無意識タイプ。これは文字どおり、無意識にひげ言葉を発している人です。自分ではその自覚がないのに、つい「え〜」とか言ってしまうのです。ですから、確認のためにも一度、ボイスレコーダーなどで自分の説明を録音してみましょう。

ひげ言葉だけでなく、「本当に」「やっぱり」など、自分では無意識のうちに余計な言葉を話していることに気づくこともあります。無意識のうちに言ってしまっているのですから、言わないように意識するだけで、ひげ言葉が直ることもあります。


次に②の未整理タイプ。これは、話しながら「次に何を言おうか」と考えているため、「え〜」とか「その〜」とか言ってしまうタイプです。これを防ぐためには、何をどんな順序で話すかを、あらかじめ決めておくことが重要です。

「何をどんな順序で話すべきか」がわからない人は、第4章で紹介する「論理的な説明となる3つの型」を使ってください。

そうすれば、説明の順番に迷うことがなくなり、ひげ言葉も自然と出なくなります。

「ひげ言葉」を言うくらいなら黙る

最後は③の沈黙恐怖症タイプ。沈黙を恐れるあまり、無意識のうちに間《ま》を埋めようとして、「え〜」「まあ〜」といったひげ言葉を口にしてしまうケースです。

以前、落語家の前座さんの稽古《けいこ》を見学させてもらったときのこと。その前座さんが、あまりに「え〜」を連発するので、稽古をつけている真打（師匠）が「沈黙が怖いから、え〜って言ってしまうんだ。そういうときは、口にグッと力を入れて黙ったほうがいい」と教えていました。

ひげ言葉を言いそうになったら、黙ってみろというのです。沈黙の間をつくると、お客さんは、次に出てくる言葉に注意を向けてくれる。さらに沈黙の間ができると、メリハリが出て、ダラダラとした話にはならないのだそうです。

私たちも「え〜」「その〜」と言ってしまうくらいなら、勇気を持って沈黙の間をつくってみましょう。その間が、効果的に相手の関心を引きつけるだけでなく、説明を聞いている相手にとっても、思考を整理する時間になります。

「要するに何なの？」と思われないテクニック

肯定的な表現を心がける

「脳は否定語を理解できない」と言われています。これは、よく「ピンクのゾウを想像しないでください」と言われると、つい頭の中にピンクのゾウを思い浮かべてしまう、といった例で紹介されます。

わかりやすい説明の鉄則「結論から話す」にも通じることですが（詳しくは後述）、日本語には最後まで肯定か、否定かがわからないことがあります。そのうえ、長々と話されたあとで否定すると、相手は「なんだったんだよ」と感じます。

ですから、テレビ番組のナレーションでも、なるべく否定形を使いません。

「できないわけではない」
「遠くはない」
「いけないいわけではない」

このような否定形を交えてしまうと、長くなるだけでなく意味も伝わりにくくなります。とくに「できないわけではない」「〇〇しない場合が少なくない」などと「ない」を重ねる「二重否定」を使って説明すると、明確な意思表示が求められるビジネスシーンでは、誤解を生む原因となります。

以下のような否定文は、肯定文に言い換えて説明しましょう。

× **「反対が多く採用されなかった」**
〇 **「不採用だった」**

× **「無料にはならない」**
〇 **「有料である」**

× 「現在はもう実施していない」
○ 「中止した、廃止した」

× 「反対されないとも限らない」
○ 「反対される可能性がある」

慣用句やことわざ、故事成語を活用する

慣用句やことわざ、故事成語を引用しても、説明は短くなります。
たとえば、次の文章をひと言で言い表すには、どうしたらいいでしょうか？

「A社の会長と社長は、性格が正反対。とにかく相性が悪く、いつも主導権争いをしていて、目を合わせようともしないのです」

たとえば「A社の会長と社長は、〝水と油〟です」のひと言で説明できます。あるい

は「犬猿《けんえん》の仲」「不倶戴天《ふぐたいてん》の敵」と言ってもいいですね。

最近はワイドショーのような情報番組で、政治や経済のネタを取り上げることが増えました。そうした情報番組で、日本の財政赤字の状況について説明するとしましょう。

こういう場合、たとえば「歳入の合計が、歳出を３５０億円も上回っているわけですから、新たな国債発行が必要で、ただでさえ１０００兆円を超えている国債残高がさらに増大し、厳しい財政運営が強いられます」などと説明しても、中学生の視聴者には伝わりません。

ですが、これを家計にたとえたうえで、「**支出が収入より350万円も多いわけですから、家計はまさに〝火の車〟です**」と言ったほうがわかった気になってもらえます。

「火の車」といった慣用句を使うことで、日本の財政状況が危機的状況にあることを、たった3文字で表すことができるのですから便利です。

慣用句同様に、ことわざや故事成語もうまく活用できると、短くてわかりやすいものとなります。

・失礼な言動で上司や取引先を怒らせてしまった後輩には「逆鱗《げきりん》に触れたな」。

・やたら装飾に凝った企画書をつくってきたものの、肝心のコンセプトがない企画には「仏作って魂入れずだね」。
・新たな挑戦を前にして萎縮《いしゅく》している後輩には「案ずるより産むが易《やす》しだよ」。

このように言い換えれば、明確に自分の意図が伝えられます。

丁寧すぎる敬語が話を長くする

情報番組のナレーションを書いていて、放送作家として駆け出しのころに戸惑ったのが、皇室の方々を取り上げるVTRの原稿書きでした。

その原因は、敬語の使い方がよくわからなかったことです。

ちなみに、アナウンサーやレポーターの方も、皇室関連のレポートには気をつかうようで、生中継の際にはとても緊張すると言います。ですから、ときには、とんでもない敬語を使ってしまうケースもあります。

私の記憶に残っているケースで言えば、2001年、皇太子妃《こうたいしひ》である雅子《まさこ》さまが、愛《あい》子《こ》さまをご出産されたときのこと。現場の病院の前から生中継していた女性アナウンサーが、このようなレポートをしていました。

「宮内庁によりますと、出産を終えられた雅子さまは大変、ごリラックスされた様子だそうで……」

英語のリラックスに、思わず「ご」をつけてしまうなんて、普段はありえないことです。こうしたミスは、それほど気をつかっていたという証《あかし》なのです。

失礼がないように気をつかうことも大切ですが、丁寧すぎる敬語は、かえってまどろっこしくなり、話も長くなるので注意しましょう。

敬語は「ワンセンテンス」に「ひとつだけ」

先の「ごリラックス」は極端な例ですが、最近はビジネスの場でも「若い人の敬語が丁寧すぎる」と指摘されています。あなたのまわりでも、こんな敬語を話している人がいるのではないでしょうか？

「○○**大学を卒業させていただきました**」
「**お召し上がりになられますか？**」
「**社長がおっしゃっておられました**」

最初の例は「○○**大学を卒業しました**」で構いません。より丁寧に言いたいなら「○○**大学を卒業いたしました**」でもいいでしょう。

近年は、このような「〜させていただきました」が、過剰にあふれています。しかし「〜させていただきました」の多くは「〜いたしました」に置き換えても大丈夫です。

また、次の「お召し上がりになられますか？」は、すでに「召し上がる」が尊敬語になっています。そのため「なられますか」を重ねると、避けるべきとされている「二重敬語」になってしまいます。

最後の「社長がおっしゃっておられました」も「おっしゃって」と「おられました」の二重敬語になっています。「**社長がおっしゃっていました**」で充分です。

とくに覚えておいてほしいのは、「ワンセンテンスに、敬語はひとつ」を心がけること。皇室関連のナレーションでも、チェックされるのは二重敬語です。私も、この大原則を知ってからは、ナレーション書きがさほど苦にならなくなりました。

しっかり理解しているから、言葉を短くできる

「簡にして要の説明ができないのは、充分に理解できていないからだ」

これはアルベルト・アインシュタインの言葉です。

彼の言葉どおり、説明をするあなた自身が説明する事柄をしっかり理解していないと、短くてわかりやすい説明はできません。しっかりと理解しているからこそ、伝えたい内容の肝《きも》となる点を、簡潔に説明することができるのです。

これは、テレビの台本を書くときも同じです。資料を中途半端に読んで台本を書き始めても、うまくまとめることができず、ダラダラとした文章となってしまい、結局、時間がかかってしまいます。しっかり資料を読み込んで、自分なりに咀嚼《そしゃく》してから書き

始めたほうが、短くてわかりやすい台本を書くことができます。

ネットに情報があふれている昨今は、何かを調べるにしても、それほど時間がかかりません。説明しようとすることは、事前にしっかりリサーチして、自分なりに咀嚼し、充分に理解しておきましょう。そうすれば全体像が把握できますから、その中で、最も大事なポイントだけを、目的に従って短く話すことができるようになります。

明石家さんまの「概念化」による合いの手

全体像を把握して、目的をはっきりさせて大事なポイントを見極める。そのうえで、ムダな要素を削り、短くできる要素は別の言葉に置き換える。

ここまで紹介してきたことは、国語の授業で習った「要約」の技術です。要約のスキルを使えば、とりあえず短くてわかりやすい説明はできるようになるでしょう。

ただ、世の中には、もっとすごい要約をする人も存在します。誰もが知る国民的お笑いタレントの明石家《あかしや》さんまさんが、そのひとりです。

仮に、ほかのお笑い芸人が、さんまさんに、こんなエピソードを1分ほど話したとします。

「この前ね、すっごくかわいい女性たちと合コンしたわけですよ。それで盛り上がって、いい雰囲気になっていたところに、イケメン俳優たちがやってきて合コンに参加したものだから、女性たちはすっかりイケメン俳優たちに夢中になっちゃって……」

さんまさんなら、こう合いの手を挟むでしょう。

「鳶《とんび》に油揚げや！」

1分ほどの少し長い話のポイントを抽出して、「鳶に油揚げ」と誰にでもわかることわざを使ってひと言で言い切る、まさしく要約のお手本です。

さんまさんは、多くの情報を、どのようにして瞬時に要約しているのでしょうか？

その秘密は「概念化《がいねんか》」という言葉に隠されています。じつはさんまさんは、要約力の達人というより概念化力の達人なのです。

この概念化スキルについては、第5章で詳しく紹介します。

どうしても話が長くなってしまうとき

プレゼンやセールスなどで使える3つの技術

この章では説明を短くする技術について書きましたが、仕事の都合上、どうしても話が長くなってしまうこともあるかもしれません。そこで最後に「少しくらい話が長くなっても、相手にそう感じさせない」テクニックについて触れます。

たとえば、あなたが男性だとして、女性から「×××の美容液は、本当にいいんですよ。テクスチャーもいいし、乾燥肌の私にぴったりで……」などとコスメの話を延々と聞かされたら「この話、いつまで続くんだ？」と感じてしまいますよね。

これは、ビジネスの場でも同じです。まったく興味のない説明は、たとえ30秒でも長く感じてしまいます。逆に言えば、相手があなたの説明に興味を持っていれば、多少は長めの話になっても関心を持って聞いてくれるのです。

相手に興味を持たせるコツは、説明の始め方です。

テレビの世界では「つかみ」などと表現しますが、説明の最初で相手の興味や関心を喚起させることができれば、あなたの説明が長めだったとしても、聞いているほうは長いとは思わないのです。つかみの代表的な、例は3パターンです。

①「自分に関係があることだ」と思わせる
②不安を喚起させる
③相手の頭に「?」を浮かべさせる

ひとつずつ、そのコツを紹介していきましょう。

①「自分に関係があることだ」と思わせる

①はテレビ番組でよく使っている手法で、つかみで「自分に関係のあることだ」と思わせるテクニックです。

「何をやっても三日坊主になってしまうあなた」
「どんなダイエット法でも痩《や》せなかったあなた」
「花粉の季節がやってくると憂鬱《ゆううつ》になってしまうあなた」

冒頭でこのように言えば、該当する人は思わずその続きを見てしまいます。

ビジネスの場でも、「これは長くなってしまうな」という懸念があるものを説明するときには、まず相手に「自分に関係のあることだ」と思わせましょう。そうすれば、少々長めの説明であっても関心を持って聞いてくれます。

それがプレゼンの場ならば、相手にどんなメリットがあるのかを説明の最初に持ってくれれば、聞くほうにとっては「自分に関係のある話」になります。

また、営業するときも「**コストを半減させる提案を持ってきました**」「**費用ゼロで、ネット集客が3倍に増える方法があるんです**」などと、メリットを強調すれば相手に関心を持ってもらえます。

②不安を喚起させる

②のように、メリットではなく、相手の心に不安を喚起させることでつかむテクニックもあります。これもテレビの情報番組で、よく使われる手法です。

「こんなことありませんか？　そんなあなた、もしかしたら認知症予備軍かもしれませんよ！」などと、不安をあおって見てもらう手法です。この不安を喚起させる手法は、コマーシャルでは常套《じょうとう》手段として使われています。

たとえば、がん保険のテレビＣＭなら、商品紹介の前に「**いまや、２人に１人はがんになり、死亡する人の３人に１人はがんが原因となっている時代です！**」と振る。すると「もしかしたら私も？」と思い、がんは「他人事《ひとごと》ではない」となって、自分にも関係がある問題として関心が高まり、保険に入る人がぐんと増える図式になります。

不安を喚起させることができれば、相手の関心は非常に強くなります。こちらが話そうとすることを聞き漏らすまいと、耳を傾けて聞いてくれるのです。ですから、セールスの際の説明などに使うと有効的です。

ただ、不安喚起型を説明に使う際には、注意したい点もあります。
まずは、事実を誇張してまで、必要以上に不安をあおらないこと。次に、不安をあおって相手の心をつかんだあとは、「では、どうすればいいのか？」といった安心材料を、必ずつけ加えること。この2点を絶対に忘れないでください。

③相手の頭に「?」を浮かべさせる

ビジネス書には「なぜ〜なのか？」というタイトルの本が多くあります。かつてベストセラーになった『さおだけ屋はなぜ潰れないのか？』（光文社新書）は、その代表的なもので、相手の頭に「？」を浮かべさせることで関心を持ってもらうテクニックです。

テレビ番組でもよく使う手法で**「なぜ明智《あけち》光秀《みつひで》は信長《のぶなが》を討ったのか？　今夜、その謎《なぞ》が明らかになる！」**などと番組冒頭のＶＴＲであおりますが、あれと同じです。

相手の頭に「？」を浮かばせて関心を持たせる手法は、「ザイガニック効果」を利用したものです。ザイガニック効果とは「未完結な情報や中断された情報は記憶に残りやすく、反対に完結している情報は忘れやすい」という人間の記憶をめぐる性質のこと。
簡単に言えば、人は完成したものより、未完成のものに強い興味を抱くのです。

「中途半端な情報」は補完したくなる

人間の脳や潜在意識は、中途半端な状態をとても嫌います。謎があれば「答え」を知りたいのです。

ビジネスシーンでの説明でも、相手がこちらの話に興味を持っていないときなどに使うと、抜群の効果を発揮します。とくに、講演やスピーチなど、大勢を相手に何かを説明するときなどに有効的です。

あなたの話を聞きたいと思って来ている人たちならばともかく、会社に言われて渋々集まったのであれば、聴衆の耳目はなかなか集められません。

こういうときは「**みなさん、校長先生の話はなぜ長いか、ご存じですか？**」とか「**みなさん、なぜ事件の犯人は現場に戻ってくるのか、その理由をご存じでしょうか？**」など謎を振って、聴衆の頭に「？」を浮かばせてみましょう。

そうすれば、関心を持ってあなたの説明に耳を傾けてくれます。

第3章

相手の「印象」と「記憶」に残る効果的な説明

最初に「テーマ」を振れば一気にわかりやすくなる

まずは「何について話すか」を告げる

前述したように「わかる説明」とは、相手が「自分の頭の中にあるパターンに当てはめやすい説明」のことです。そのために大事なのが、最初にテーマをしっかりと伝えておくことです。

テレビ番組も「今日のテーマは本能寺の変の謎」とか「今日のテーマは納豆に秘められた健康パワー」などといった、全体像をひと言で表したテーマ振りから始まります。

また、番組を途中から見る人にもテーマがわかるように、つねに画面の右上などにテロップでテーマをずっと表示しています。番組のテーマが何かわかってもらえないと、途中から見始めた視聴者が、何について放送しているのかを理解することができず、チャンネルを変えられてしまう恐れがあるからです。
試しに、目をつむったままテレビをつけて、NHK Eテレにチャンネルを合わせ、音声だけを聞いてみてください。スポーツ中継でもない限り、しばらくのあいだ、何について放送しているのか、わからないはずです。

ビジネスシーンでの説明も、それと同じです。最初にテーマがわからないと、相手に内容がなかなか伝わりません。

テーマとは、ようするに「何について話すか」を告げること。まずはそれを短いひと言で伝えておけば、相手はある程度のパターンを頭に浮かべるので、説明の内容が伝わりやすくなります。ビジネスの場であれば「××社との交渉の件」「△△のプロジェクトについて……」などが、テーマにあたります。

報告、相談、提案……「ジャンル」は何？

ビジネスシーンでは、これから話すことが「報告」なのか、「相談」なのか、「提案」なのか、テーマの中に「ジャンル」を必ず入れてください。

ジャンルとは、次にあげる文章の傍線部のようなものです。

「××社との交渉の件について、報告があります」
「後輩の○○くんへの指導について、相談させてください」
「△△のプロジェクトについて、提案させてください」
「××の件で、ご指示いただきたいことがあります」

最初に話すことのジャンルを伝えておけば、聞き手も範囲を絞って、頭の引き出しを開け、パターンに当てはめる準備をしてくれます。だからこそ、テーマ振りに続く、本題がすっと頭に入りやすくなるのです。

反対に、ジャンルがわからないと、上司は戸惑ってしまいます。「自分はそれを聞いて何をすればいいのか？」をすぐに判断できないからです。

あなたも、自分に何が求められているのか、わからない説明を聞かされると「だから何の話？」「何を言いたいの？」と言いたくなるはずです。たとえば「後輩の○○くんへの指導についての相談」の場合、こんなふうに切り出されたらどうでしょう。

×

「課長、後輩の○○なんですが、この前、こんなミスをしたんですよ。遅刻も多いですし、少し気が抜けているようにも感じるのですが……」

これでは、単なる告げ口か、あるいは愚痴をこぼしに来たのかと思われかねません。聞いているほうも「だから何だ？」と思ってしまうことでしょう。

ですが、次のように、最初にテーマを告げたらどうでしょう。

○

「部長、後輩の○○くんへの指導について、相談があります。昨日、彼は、このようなミスをしてしまい……」

このように、何についての話なのかを最初に明確にしておけば、本題も伝わりやすくなります。また、話しかけられたほうも「自分は相談に乗ればいいのだな」と、やるべきことがわかるので、そのつもりで聞いてくれます。

どうテーマをまとめていいかわからない人は、メールの件名をイメージしてください。「××の件についての相談」「来週のイベントについての提案」といったメールの件名に「です」をつければ、立派なテーマ振りになります。

忙しい上司には「大体の時間」も予告する

ネットでは最近、冒頭に「この記事は○分で読めます」と書いた記事やブログが増えました。記事がどれほどの長さなのか、すべてスクロールしなければわからなかったころに比べると親切な表示です。それと同じように、上司への説明でも、最初に「どれくらいの時間がかかる話なのか」を予告するとよいでしょう。

「××社との交渉の件について、報告があります。5分ほどお時間をいただけないでしょうか」

相手が多忙な上司であれば、このように「どれくらいの時間をもらいたいのか」を最初に告げましょう。

そうすれば上司も「いま聞くか、あとで聞くか」判断しやすくなります。

結論から言える人が強い

結論＝最も重要な問いへの答え

前述したように、テーマが共有されていない場合は、まずテーマ振りから始めます。ですが、相手からの問いに答える場合や、説明を求められた場合は、すでにテーマが共有されていますので、当然ながら改めてテーマ振りする必要はありません。

テーマが共有されている場合は、結論から説明を始めるのが、わかりやすい説明の鉄則です。結論を最初に言えば、あとはその理由や具体例、データなどを添えるだけなので、自然と論理的で短くてわかりやすい話にまとまります。

辞書で「結論」の意味を引いてみると「考えたり論じたりして最終的な判断をまとめること。また、その内容」（『大辞泉』）とあります。

しかし、ビジネスの場でいう「結論から話す」とは、ズバリ「相手が最も聞きたがっていること」つまり「最も重要な問い」に答えることです。

報告であれば、相手が関心を持っているのは当然「結果」や「状況」です。プレゼンやセールスであれば「どういうメリットがあるのか」になるでしょう。

また、企画内容の説明であれば「どんなアイデアなのか」が相手にとっての最も重要な問いですから、それをひと言で伝えるのです。

ですから、何かを報告するにしても、説明するにしても、相手がいったい何を聞きたがっているのか、そこを見極めなければなりません。

最も聞きたがっていることをどう見極める?

相手が聞きたがっていることは、それまでの経緯と、いまの状況を考えればわかるはずです。

たとえば、顧客拡大キャンペーンの最中に「今日、どうだった?」と問われて「今日は寒かったです」と答える人はいません。この場合の結論、つまり相手が最も聞きたがっていることは「その日の成果」に決まっています。

企画書の作成を指示されていて「例の企画書、どうなっている？」と聞かれれば、多くの場合は進捗状況を問われているはずです。ですから「明日にはお見せできます」とか「火曜日には仕上げます」が結論です。

また、相手のポジションからも、何を聞きたがっているかは推し量れます。相手が経営者であれば、収益や会社の信用にかかわることでしょうし、中間管理職なら費用対効果や人繰り、作業のスケジュールなど実務的なことになるでしょう。実際に現場で動く人であれば、「自分は何をどうすればよいのか」が最も聞きたいことになると思います。その人の立場や置かれている状況によって「何を聞きたがっているか」が変わってきます。空気を読んで、相手の最も重要な問いに答えましょう。

とはいえ、「空気を読むのが苦手な人」もいます。そんな人は、まず「これは何のための説明なのか？」を確認するようにしましょう。

「何のため？」をちゃんと確認しておく

上司の中には、唐突に「××について調べて報告してくれ」などと、目的をまったく説明せずに結果だけを求める人もいます。

こういうときは、背景や経緯が不明であれば、相手が何をいちばん知りたがっているのか、まったくわかりません。

そうであれば、その××を何のために知りたいのか、直接「その目的を教えていただいてもよろしいでしょうか？」などと聞いてみましょう。

しかし、なかには「そんなこと自分で考えろ」と言い放つ上司もいます。そんなときは「何のためだろう？」と自問自答してみてください。

問題解決の際によく使われる、トヨタ自動車の「なぜなぜ分析」と同じ要領です。トヨタの「なぜなぜ分析」は「なぜ」を繰り返すことで、トラブルの本当の原因にたどり着く手法です。これと同じように、相手が何を聞きたがっているのか、わからないときは「なんのため？」を何回か自問自答してみましょう。

マーケティングの世界には「**ドリルを買いに来た客は、ドリルが欲しいのではない。穴が欲しいのだ**」という有名な言葉があります。

これは1971年に出版されたT・レビット博士の著書『マーケティング発想法』（ダイヤモンド社）の冒頭に登場する言葉です。その言わんとするところを要約すると、次のようになります。

「ドリルを買いに来た客に『ドリルでしたら、この最新のものがおすすめです』とスペックなどを説明しても意味がなく、どんな大きさの穴か、穴を開けるのは木材なのか、コンクリートなのか、鉄板なのかを知らなければならない。

さらに、何をするための穴なのか、その目的を聞かなければ、客が本当に必要としているドリルをおすすめすることはできない」

つまり、ドリルを買いに来た客が、本当に求めているものとはどんなドリルなのか、その本質を理解しなければならないことを教えているのです。

目的をもっと考えるなら、ドリルを買いに来た客は、ブロック塀に郵便ポストを設置したいのかもしれません。その場合は、穴を開けなくても設置できるタイプの郵便ポストをおすすめするのが正解だったりします。

思考の流れを整理すると、次のように「何のため?」を繰り返しながら、本当の目的に迫っていくのです。

「ドリルが欲しい」
⬅
Q1　何のため？　↓　「穴を開けたい」
⬅
Q2　何のため？　↓　「壁に穴を開けたい」
⬅
Q3　何のため？　↓　「ポストをとりつけたい」

あなたも何か指示を受けたら、それは何のためなのか、何回か自問することを習慣づけてください。そうすれば、相手にとって何が「最も重要な問い」なのか、本当の目的がわかってきます。本当の目的がわかったら、「ではどうすればいいか？」を考えましょう。目的がはっきりすれば、手段も自然とわかります。

「結論ファースト」は誤解も生まない

結局のところ、何が言いたいかわからない話の多くは、なかなか結論が出てこない場合、つまり重要な問いに早めに答えていないケースがほとんどです。

あなたが次のような報告を聞いたら、どう思うでしょうか。

「雨の日も風の日も、毎日、足を運んでセールスをしたんですよ。わからない点があるって言われれば、すぐに飛んでいって説明したり……。そうしていると、けっこういい感じになって、契約してもいいとまで言ってくれました。ところが、残念ながら契約に至りませんでした」

自分が苦労したことを、アピールしたい気持ちもわかります。ですが「自分はこれだけがんばった」のが事実だったとしても、報告を受ける相手にしてみれば、それは最も重要な問いの答えではありません。

この場合であれば、報告を受ける側は、成約したのか、それともしなかったのかを最も知りたいはずです。その前に余計な情報が入ると、言い訳がましく聞こえて、イラッとしてしまうのではないでしょうか。

また、結論があと回しにされると、誤解も生じやすくなります。たとえば、テレビに出演した政治家が、こんな話をするのを見たことがありませんか？

「**消費税の増税については、さまざまな議論があるわけで、社会保障費の財源不足についても視野に入れつつ……**（中略）**……とはいえ、景気の腰折れを招く恐れもあるため、一定期間の先延ばしもやむを得ないと考える次第であります**」

これでは、消費税の増税を予定どおりおこなうことに賛成なのか反対なのか、最後まで聞かないとわかりません。こういうときも「**消費増税は先送りすべきだと私は考えます。なぜなら……**」と結論から話せば、誤解されることなく伝えることができます。

もちろん、政治家の方は、あえてそうしたうやむやな言い方をしているのでしょうが、ビジネスパーソンはそれでは失格となります。

「新聞の見出し」は最高のお手本

「起承転結」の型に代表されるように、日本人は最後に結論を持ってくる文化の中で過ごしてきました。

ですから「結論から話す」ことを意識していないと、どうしても結論があと回しになってしまいます。

そもそも、人間の集中力は、徐々に落ちていくもの。最初に結論、つまり最も重要度の高いことを伝えたほうが合理的です。

結論のお手本は、新聞の見出しです。見出しは重要な結論をズバリ言い切ったものです。ですから時間がないときでも、見出しに目を通すだけで、その朝のニュースのラインナップが、だいたいわかります。

何かを説明するときは、「これを新聞の見出しにしてみるとどうなるだろう」などと考えてから話してみるといいでしょう。

また結論から説明を始めるコツは、「結論から言いますと……」で話し始めることです。まずはそれを意識して説明をするようにしてみましょう。

ただし、毎回「結論から言いますと」で始めると、かえってくどくなってしまいます。ですから慣れてきたら、説明を始める前に心の中で「結論から言うと……」とつぶやいてから声を出すようにしましょう。

あいまいな表現になっていませんか？

「かなり」とは具体的にどれくらい？

相手にとって最も重要な問いに、最初に答えることが、わかりやすい説明をするための最大のコツです。そのうえで説明を続けていくわけですが、話す言葉の選び方にも気をつけましょう。せっかく相手にとって最も重要な問いに答えたとしても、その表現方法によってはわかりにくくなってしまいます。

まず気をつけるべきは「あいまいな言葉」を使わないことです。たとえば、自社の営業管理ツールを提案するとして、こんなセールストークだったらいかがでしょうか。

「この営業管理ソフトを導入していただくと、いくつかの問題が解決します。誰がどれ

だけ売上を上げているのかが、もう一目瞭然《いちもくりょうぜん》ですから。データ入力も、スマホからサクサクとできますし、報告書を書く作業時間が大きく削れます。費用についても『他社よりもかなり安い』と評価いただいて、発売から間もないのに早くも多くの会社で導入していただいております」

なんともつかみどころのないセールストークになりました。その要因は「いくつか」「サクサク」「大きく」「かなり」といった、あいまいな言葉を使っていることです。情報番組では、こうしたあいまいな表現をナレーションに使うことはタブー。ビジネスの場ではなおさらでしょう。数字で言えるのであれば、具体的な数字に置き換えて話すだけで、説得力は増します。この例では、次のように置き換えてみましょう。

・いくつかの問題　↓　３つの問題
・作業時間が大きく削れる　↓　15％の業務時間短縮効果
・費用がかなり安い　↓　年間保守料５万円
・早くも多くの会社で導入　↓　発売３ヶ月で１００社が導入

数字に置き換えるだけであいまいさが消え、導入するメリットがはっきりし、説得力が増します。このように、ビジネスシーンでは、回数やその頻度《ひんど》、割合や期間などを数字で表しましょう。具体的には「早い／遅い」「大きい／小さい」「高い／安い」「長い／短い」「多い／少ない」などを、なるべく数字に置き換えるのです。

数字は誤解を生まない

誤解を生まないようにするためにも数字は大切です。たとえば、待ち合わせをしていて「ちょっと遅れる」とメッセージがスマホに届いたら、あなたは相手が何分くらい遅れると考えるでしょうか。あなたは「ちょっと＝5分くらい」と思っていても、メッセージの送信者は「30分くらい」と考えているかもしれません。

このように、あいまいな表現を使うと、互いの認識がズレて誤解が生まれます。ビジネスシーンでは、トラブルの元になるそういった誤解は許されません。

数字は解釈の余地がない事実ですから、誤解が生じません。ですから、数字に置き換えられるのであればそうしましょう。

「東京ドーム○個分」の効果

ただし、数字が大きすぎてかえってイメージしにくい場合もあります。たとえば、人類は6000年前から金を採掘してきましたが、その総量は約15万5000トンです。

これをわかりやすく伝えたい場合は、「**その総量は約15万5000トン。オリンピック公式プール約3杯分に相当する量です**」とフォローすると、一気にイメージしやすくなります。

テレビ番組でも、広さを「東京ドーム○個分」「テニスコート○面分」といった表現をよく使います。これも、視聴者にイメージしてもらうための手法です。

数字を効果的に使うお手本は、アップルの創業者スティーブ・ジョブズです。2005年、30ギガバイトの新型iPodを発売したときもジョブズは「**音楽なら7500曲、写真なら2万5000枚、動画なら75時間分を持って歩ける**」と表現しました。30ギガバイトと言われてもピンときませんが、これなら誰でもイメージできます。

私たちもイメージしにくい数字を説明に使うときは、ジョブズを見習って、手触り感のあるものに置き換えてみましょう。

「たとえ」の最適な活用法

国家予算の用語も家計にたとえると……

情報番組や報道番組で、次年度の国家予算について説明するときなど、テレビでは「たとえ」を使ってわかりやすくします。そのまま「税収」「税外収入」「社会保障費」「国債費」といった言葉を使って紹介しても、視聴者にはわかりにくいことが多いためです。

このような場合は、次ページの図のように、税収を「給料」に、税外収入を「へそくり」に置き換え、社会保障費は「医療費・通院代など」、国債費は「ローンの返済」など、国家予算を家計にたとえることで、わかりやすく説明するようにしています。

たとえると、説明が短くもなります。「アイドルに対して、ネット上に脅迫文を投稿

予算案		家計簿
歳　入	→	**収　入**
税収	→	給料
税外収入	→	へそくり
新規国債	→	借金
歳　出	→	**支　出**
社会保障費	→	医療費・通院代など
国債費	→	ローンの返済
公共事業費	→	家の修繕代
文教・科学費	→	教育費
防衛費	→	防犯費

した容疑者をＩＰアドレスから特定した」といったニュースを紹介するとしましょう。

この場合も「ＩＰアドレス」では、ＩＴに詳しくない人には理解してもらえません。かといって、正確に説明しようとすると、かえって伝わりません。

「ＩＰアドレスとはＩＰ、つまりインターネット・プロトコル・スイートを使ったインターネットワークにおいてネットワーク上の機器を識別するために指定するネットワーク層における識別用の番号で……」などと説明しても理解されないのです。

こういうとき、テレビでは「ＩＰアドレスとは、インターネットにおける電話番号のようなもの」とたとえながらフォローします。こうすれば、短い説明でわかった気になってもらえます。

「誰もが知っているもの」でたとえる

最近は、ＩＴ関連の言葉が多くなりましたが、このような説明を聞かされて、あなたはすぐに理解できるでしょうか。


×　「弊社《へいしゃ》では、ドメインとサーバーを提供しています。

ドメインとは、インターネット上にあるコンピューターを特定するために使われる、一定のルールに従ってつくられた文字列のことを指します。わかりやすくいうと、ネットワークに接続しているコンピューターの場所を示すアドレスですね。

サーバーとは、ネットワークでつながったコンピューター上で、ほかのコンピューターにファイルやデータなどを提供するコンピューターのこと。わかりやすく言うと、ホームページをつくったときにホームページを置くスペースのことです」

ＩＴに詳しい人なら、すぐに理解できるでしょうが、相手がそうでなければ伝わりません。こんなときも「ドメイン」や「サーバー」を、次のように誰もが知っている身近なものにたとえれば、わかりやすく伝わるはずです。

○「**弊社では、ドメインとサーバーを提供しています。**
ドメインとは、ネットワークに接続しているコンピューターの場所を示すアドレス、つまり〝○○町○丁目○番地といった住所〟のようなものとお考えください。サーバーとは、ホームページをつくったときにホームページを置くスペースのこと。たとえるなら、ホームページが〝家〟で、サーバーが〝土地〟のようなものです。家を建てるときに必ず土地が必要なように、ホームページをつくるときも必ずサーバースペースが必要なのです」

こうして誰でも知っているものにたとえれば、相手の頭の中のパターンに合致しますから、わかった気になってもらえるはずです。

ＩＴ関連以外では、とくに政治や経済、科学や歴史関係の言葉も、なじみが薄いケースが多いので、なるべくたとえてわかりやすく説明しましょう。

簡単に「たとえ」をつくるコツ

たとえ話には「難しいことをわかりやすく説明できる」効果があるだけではありません。伝えたいことの「本質」を、わかりやすく伝える効果もあります。

例をあげれば「構造改革の成果は、すぐに出るものではない」と主張をしたいときも「**漢方薬のようなものです**」とひと言、添えるだけで「対症療法ではなく抜本改革だから、漢方薬のようにじわじわと効くのか」とイメージさせることができます。

実際に、古今東西の偉人たちも「人生」や「富」といった漠然としたものを、たとえることで、短くわかりやすく表しています。

「**人生とは自転車のようなものだ。倒れないようにするには走らなければならない**」（アインシュタイン）

「**人生は道路のようなものだ。いちばんの近道は、たいていいちばん悪い道だ**」（フランシス・ベーコン／イギリスの哲学者）

「富は海水に似ている。飲めば飲むほど、のどが渇くのだ。名声についても同じことが言える」（アルトゥル・ショーペンハウエル／ドイツの哲学者）

このように、たとえ話の代表的な表現方法は、「××は○○のようなものである」といった表現です。**「××」には漠然としている伝えたいことや、専門的すぎて伝わらないことを入れ、「○○」には、それをわかりやすく何かに置き換えた言葉を入れます。**

このときは、「××の〝本質〟とは何か」、「××と同じようなもので身近にあるものは何か」と発想を広げ、最適な言葉を当てはめます。

ようするに、伝えたいことの本質を見極め、それと同じ本質を持つもの、あるいはよく似た本質を持つ別の例を探し出して、言葉を組み立てればいいのです。

この本質の見つけ方については、第5章で詳しく紹介します。

「たとえ」は相手に合わせて選ぶ

「××は○○のようなものである」といった表現をするときは、当然「○○（たとえるもの）」のほうが、「××（たとえられるもの）」よりも、話の受け手にとってなじみのあるものでなければなりません。相手にとって、どんな分野が「なじみのあるものか」を見極めてたとえましょう。

相手が野球ファンなら、「野球で言えば○○のようなもの」などとたとえれば、共感を得ることができます。

もし、野球が好きな相手に、ヒット企画をつくり出すコツについて説明するなら、こんな感じでしょうか。

「ヒット企画のコツは、野球で言えばホームランを狙った大振りではない、芯を狙ってシャープに振り切るセンター前ヒットを狙うことが、結果としてホームラン、大ヒットにつながるんです」

こんなふうにたとえれば、相手はわかった気になってくれます。

要素を整理すれば「話の筋」が通る

「できる人」の説明と「できない人」の説明

できる人の説明とできない人の説明を比べてみましょう。

舞台は、新製品の緑茶飲料のイメージキャラクターに、どんなタレントを起用するかを決める会議です。まずは、できない人の説明からご覧ください。

×

「さわやかなイメージで売っている、緑山×美ってタレントご存じですか。静岡出身の女の子。好感度が、いまベスト3に入っているそうですよ。うちの新製品の緑茶飲料のCMに、いいんじゃないですかねー。旬《しゅん》な感じだし。静岡出身ってところも、ぴったりでいいじゃないですか。緑山×美、私は個人的にも好きなタイプですし」

続いて、できる人の説明です。

○「新製品の緑茶飲料のCMは、緑山×美さんを起用しましょう。彼女にはさわやかなイメージあり、お茶の産地、静岡の出身でもあります。また、好感度調査でも、去年の12位から3位に上昇するなど注目度も増しています」

あなたは、このふたつの説明のどこに違いがあるか、おわかりになるでしょうか?

できる人の説明は要素が整理されている

できない人の話し方には、自分の好みなど、まったく関係ない要素が入ったりしてムダだらけです。何より決定的な違いは、要素が整理されているかいないかです。

その点、できる人の話し方は、要素が整理されています。

①結論……緑山×美をCMに起用しよう

②理由……さわやかなイメージ、静岡出身、いまが旬
③データ……好感度調査で3位に上昇

「そもそも『わかる』とはどういうことか？」で書いたように、要素がバラバラだと、説明の構造が複雑になって、聞き手の頭の中のパターンに当てはまりにくくなります。ですから、要素を整理するだけで、段違いにわかりやすい説明になるのです。

こうして要素を整理したうえで組み立てた、筋の通った流れをつくることを「構成」と言います。放送作家は、構成作家とも呼ばれるのですが、このように筋の通った流れをつくることが仕事のひとつです。

「構成なんて難しそう」と思った方もいるかもしれませんが、ご安心ください。要素の組み立てには限られたパターンしかありません。この本では次の章で、ビジネスシーンで使える黄金パターンを3つご紹介します。その3つのパターン＝「型」さえ覚えておけば、あなたもきっと説明上手と言われるようになります。

「図」で説明すれば、ひと目でわかってもらえる

究極の言葉短縮法＝「図」で見せる

テレビの情報番組のスタジオで、視聴者に最もわかりやすく説明する方法、それはパネルやフリップなどで図を見せながら説明することです。

かつてはＶＴＲがメインだった情報番組も、最近は「パネルで見せる」形式が主流になっています。

予算がかからないため始まった形式ですが、実際にやってみると、複雑な物事の説明は、パネルやフリップでおこなったほうがわかりやすいのです。

ビジネスシーンでの説明も、図などを見せながらおこなってみましょう。いまはノー

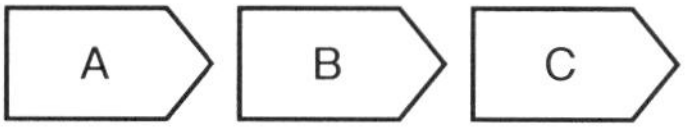

フロー図

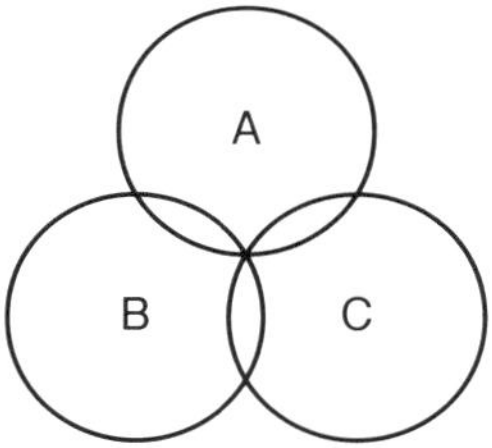

ベン図

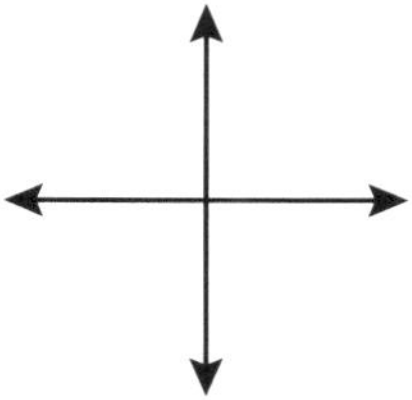

マトリクス図

トパソコンやタブレット端末といった、見せるための便利なツールがありますから、それらを活用して「見せる」説明をすれば、圧倒的に短く伝わります。

　また、わざわざパワーポイントなどで凝った図をつくらなくても、ホワイトボードに簡単な図解をしながら説明してもよいでしょう。

　作業プロセスの説明であれば、「最初にこうして、次にこうして……」などと口で言うだけでなく、ホワイトボードに図を書きながら説明したほうが、早く正確に伝えることができます。

　上のような図解を活用しながら、「見せる」説明を心がけるようにしましょう。

作業の流れを図で説明するフロー図

あなたは、あるテレビ制作会社の特番担当チームに、スタッフとして参加することになりました。

その最初のミーティングで、プロデューサーから作業の流れや分担を、次のように口頭で説明されて、あなたは理解できるでしょうか？

「今回の特番は、3月から6月半ばまでに仕上げなければならないからな。まずは資料を集めないと。リサーチだけど、これはアシスタントディレクターのAくんとBくんでやって。3月末までに必要な資料を集めて、あとでロケも手伝ってね。

それと、並行して台本もつくり始めないと。あまり時間の余裕もないから、放送作家のCさんは、Aくんたちが集めた資料の中から書き始めて。4月いっぱいにはすべて書き上げてよ。

あと、ディレクターのDさんは、Cさんの台本があがった分からロケに出てね。4月終わりから6月頭までロケして、それから編集作業に入ってね。編集マンのEくんをつ

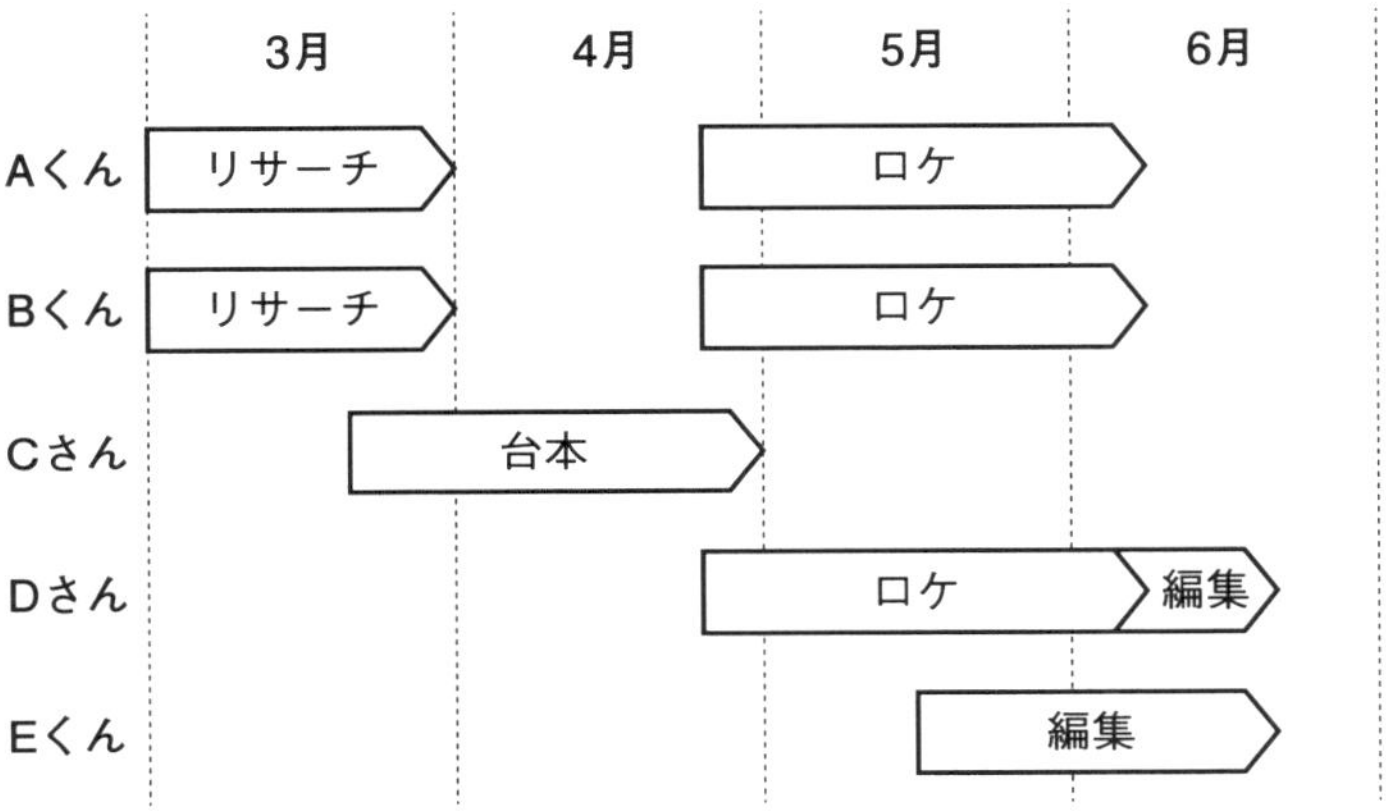

けるから、ロケ中は手伝ってもらって、ロケが終わったら編集に専念してよ」

いかがでしょう。とてもではありませんが、頭の中で整理できませんよね。おそらく、メモを取ることも難しいでしょう。

でも、上のように図で整理してみたら、誰がいつごろ、何をするのかが、ぐっとわかりやすくなります。

こうした図は「流れ」を表すことからフロー図（流れ図）と呼ばれます。

フロー図も、正式にはいろんな決まりがあるようですが、短くてわかりやすい説明の際は、ざっくりしたもので構わないでしょう。

要素の重なりや関係性を表すベン図

放送作家を30年もやっていると、テレビ局などの放送作家教室の講師を務めることもあります。そういうときに「よい放送作家の条件」などを、参加者のみなさんに説明することがあります。

ちなみに、私の考える「よい放送作家の条件」とは「企画力」「構成力」「表現力」を、バランスよく兼ね備えていることです。これも、言葉でどうこう言うより、次ページの図①のようにしたほうが伝わります。

これが「ベン図」と呼ばれる図形です。要素の重なりや関係性を表すときに使われます。つまり、この図の３つの〇が重なり合う中心、これがよい放送作家なのです。

ベン図を使うメリットは、商品やサービスの特徴、コンセプト、本質を、わかりやすく説明できる点です。ビジネスの場においては、セールスやプレゼンする際によく使われます。

たとえば、ファストフードにおいて「うまい！」「はやい！」「安い！」といった３つの特徴を兼ね備えた新商品なら、次ページの図②のように表現できるはずです。

図①

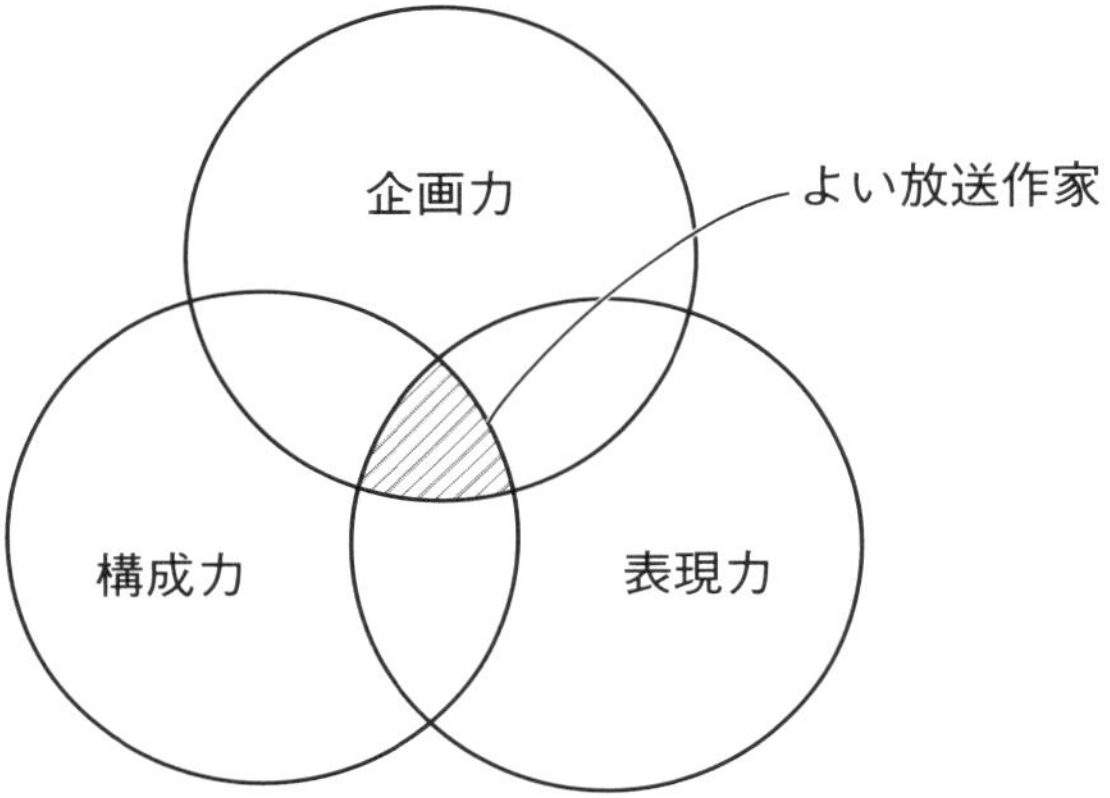

図②

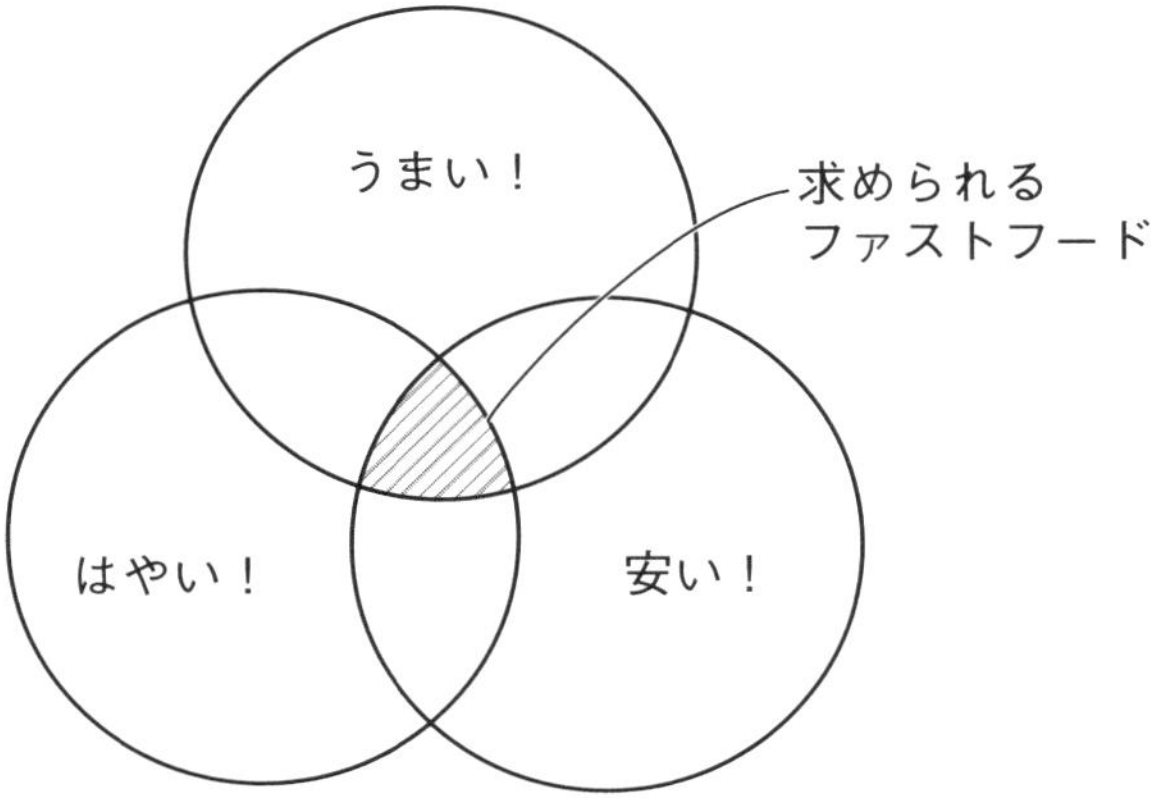

どの辺りに位置するかを図で表すマトリクス図

拙著『企画は、ひと言。』（日本能率協会マネジメントセンター）にも書いたことですが、よい企画とは「新しさ」と「実現性」を兼ね備えたものです。

それをベン図にすることもできますが、個別の企画をもっと明確に「どれほど新しさがあって、どれほど実現性があるのか」を示そうとするときに便利なのが、次ページにあげた「マトリクス図」です。

マトリクス図とは、縦軸と横軸を使い、縦横に項目を配置し、重なったところに結果などを書く図のことです。この図を使うと、全体の中のどの辺りに位置するのか、わかりやすく示すことができます。

先ほどの例で言えば、縦軸に「新しさ・古さ」、横軸に「実現可能性の高低」を項目として置きます（図①）。こうすると「新しくて実現性もあるいい企画」は右上になります。

たとえば、新人放送作家の企画で「斬新《ざんしん》でおもしろいコンセプトだけど、現実味がな

図①

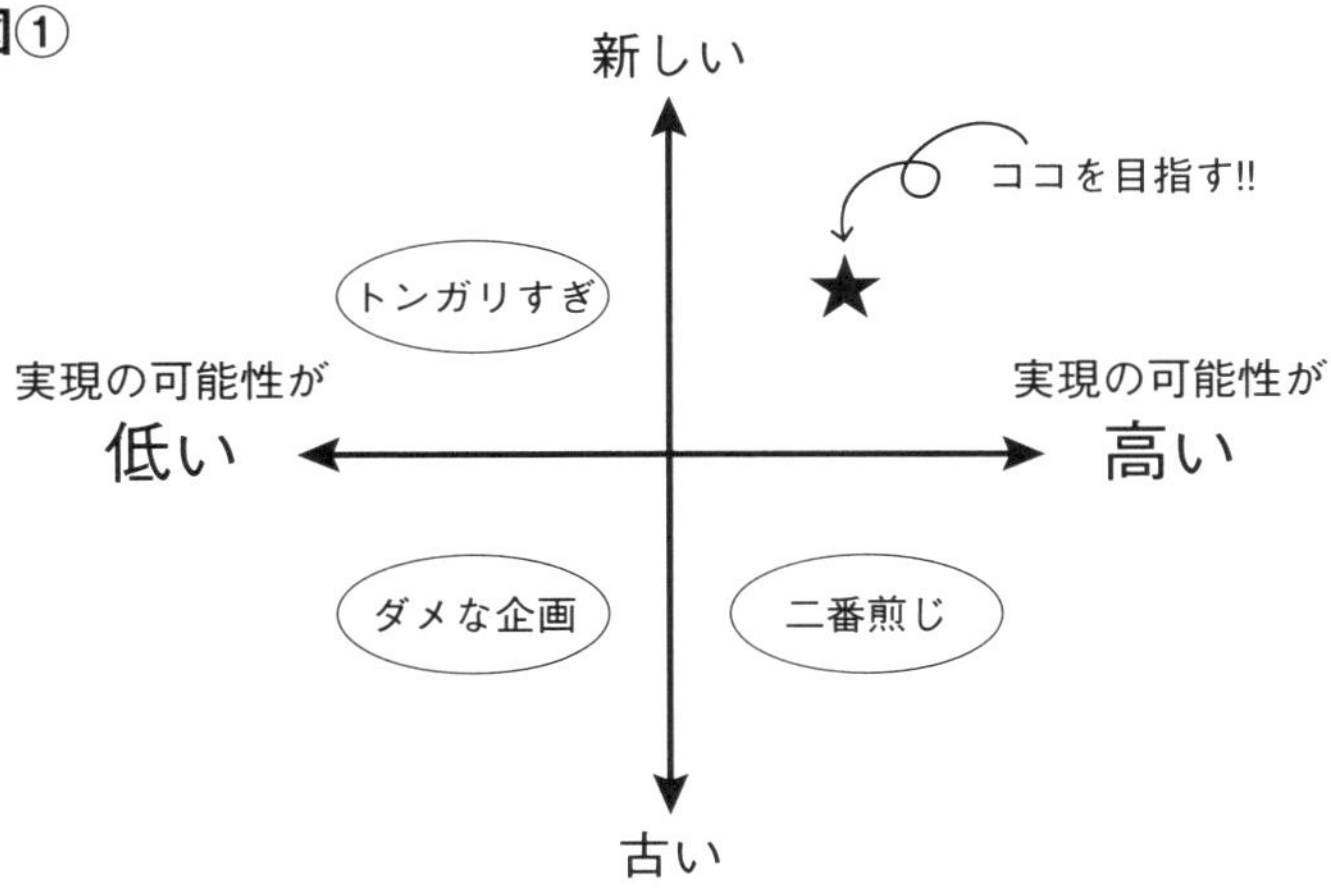
新しい
ココを目指す!!
トンガリすぎ
実現の可能性が
低い
実現の可能性が
高い
ダメな企画
二番煎じ
古い

図②

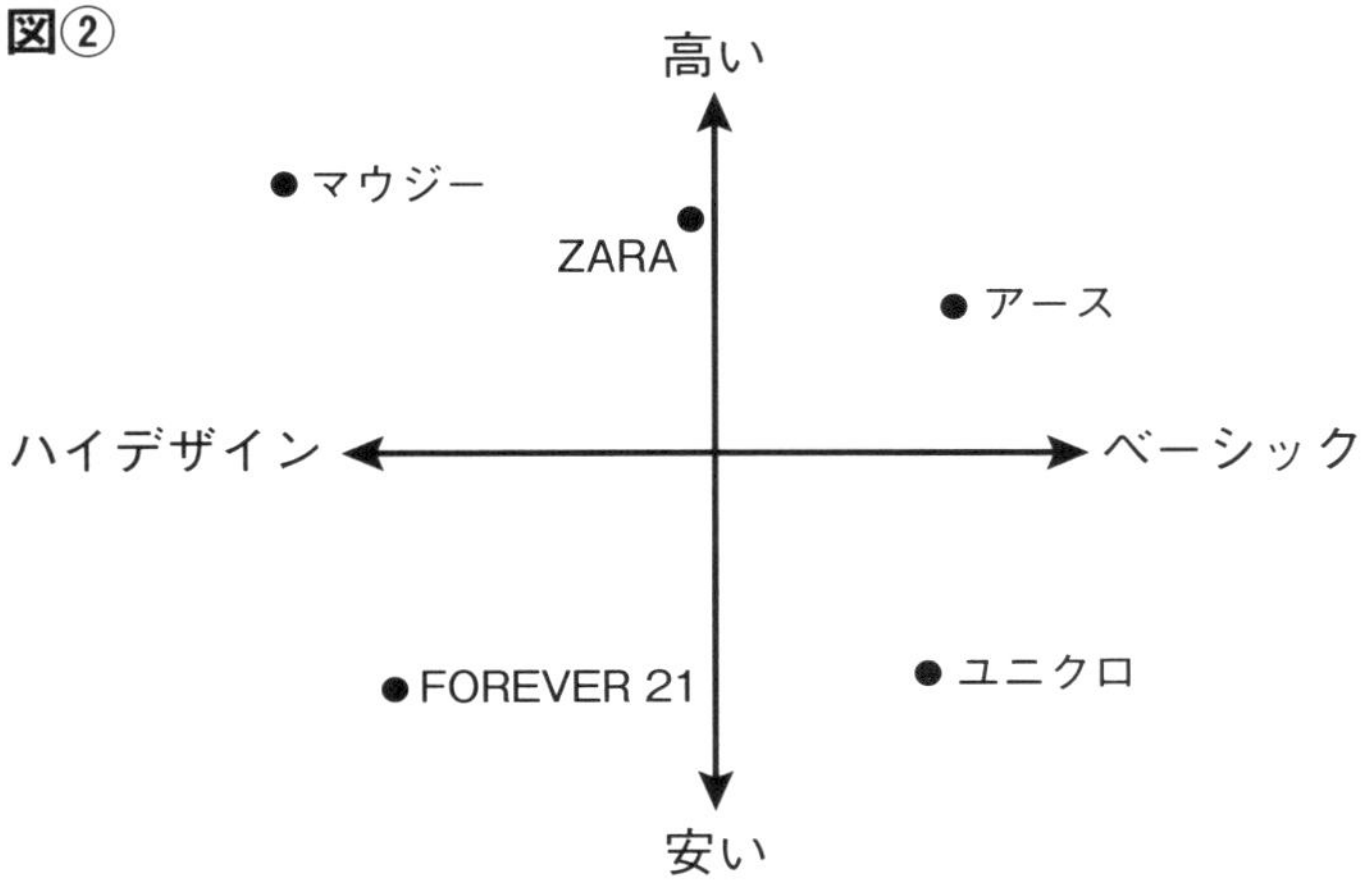
高い
マウジー
ZARA
アース
ハイデザイン
ベーシック
FOREVER 21
ユニクロ
安い

い」ときは「あなたの企画は、この辺りに位置します」などと説明することができます。

また、マトリクス図では、同じ分野の企業の特色なども比較できます。前ページ下の図②は、アパレル業界であれば、このような感じになるという一例です。

情報を視覚化するメリット

図で伝える最大のメリットは、全体像を伝えやすいことです。これは言葉や文字による説明では不可能なこと。また全体の中で、それぞれの要素の関係や構造、流れといった関係性も、ひと目で相手に伝わります。

さらに視覚化された情報は、相手の記憶にも残りやすいとされています。

また、伝えるほうにとっても、図にすることで要素が整理されます。ですから、情報を視覚化することを習慣化すれば、言葉や文字による説明も次第に上手になっていくはずです。

第4章

すべては「この3パターン」に落とし込める

理屈ではない。まず「型」を覚えよう

短くてわかりやすい説明には「型」がある

できる人の説明が、なぜ短くてわかりやすいのか。簡単に言うと、それは筋が通っているからです。「筋が通る」を辞書で調べてみると、「物事が理屈にかなっているさま」などとなっています。

「物事が理屈にかなっている」説明とは、内容に矛盾するところがなく、整合性があり、しかも一貫性があって、論理の破綻《はたん》がないこと。**ひと言でまとめると「論理的である」ということでしょう。**

論理的な説明は、ストレスを与えないため、理解されやすく、すっと相手の頭に入っていきます。

私は放送作家として駆け出しだったころ、いつもグダグダと論理的でない説明ばかり繰り返していました。

ですから、論理的な説明ができる人に憧《あこが》れ、どうしたらそのように筋の通った説明ができるのか、いろいろと自分なりに研究してみた時期がありました。

その結果、そうした論理的な説明には、限られたいくつかのパターンがあることに気づいたのです。それらの多くは「三角形」や「野球のダイヤモンド形」といったシンプルな形で表すことができます。

ここからは、論理的な説明の話の組み立ての中でも、とくに代表的な型を３つ紹介していきます。

説明が苦手だと自覚している方は、まずはこの３つの型だけを覚えてください。これらの型を使えば、短くわかりやすい論理的な説明ができるようになります。

論理的な説明の型①「ＰＲＤ法」

根拠が求められる説明はＰＲＤ法がベスト

まずはビジネスシーンで大活躍する、論理的な説明の型をご紹介します。

その前に、新たにスタートするテレビの報道番組に起用するメインの司会者を決めるための会議で、意見を求められたＡくんの発言から聞いてください。

ちなみに、プロデューサーがつくりたがっているのは「これまでにない、視聴者にとって新しい報道番組」です。

× **「そうですねえ。やっぱり報道番組ですから、言葉に説得力がある人がいいですね。ＮＨＫ出身のＢさんなんていいかもしれませんね。でも、それじゃあ新しさが**

ないかな。それか、若手のイケメン・アイドルって手もありますね。まあ、でも他局で、もうやってるか……。あと、意表をつくなら、お笑い芸人のＣとか……。うん、Ｃなんていいんじゃないですかね。頭悪くなさそうだし」

いかがでしょう。思いつくままに話していると、こうなってしまいがちです。何より推薦《すいせん》する理由や根拠が極めて薄弱《はくじゃく》なので、こうした説明では誰も納得しないはずです。また聞き手（プロデューサーを始めとする会議の出席者）が「最も関心を持っている問い」は「新しさ」ですから、ありがちな人選や、すでに他局でおこなっているようなアイデアは、まさに余計なこと。それを意見の中に混ぜる必要はありません。

こうした根拠が求められる説明に適しているのが、ＰＲＤ（ピーアールディー）法です。

ＰはＰｏｉｎｔ＝結論、ＲはＲｅａｓｏｎ＝理由、ＤはＤｅｔａｉｌ＝詳細です。なお、この場合のＤ＝詳細は、理由を補強するための「具体例・根拠・データ・因果関係・実体験」などです。

「結論・理由・詳細」の三角形を一周しよう

三角形の図でPRD法を表すと、Pを頂点とし、RとDを左右に配した形となります。

このPRD法を使って、先ほどの「新しい報道番組の司会者について」の意見を説明するなら、このようになります。

○ **「私はお笑い芸人のCがいいと考えます**（結論）。**なぜならCは××大学の政治経済学部出身ですので、さまざまなニュースに対応できるからです**（理由）。**実際に彼がパーソナリティーを務めるラジオ番組を聴いていますが、番組の中では毎週ニュースを扱っていて、彼なりの意見も述べています。意外性もありますし**（詳細）、**私はCを推薦します**」

先ほどの三角形に当てはめると、次ページのような形になります。結論から説明を始めているため、ムダな情報がなく、すっきりとまとまりました。

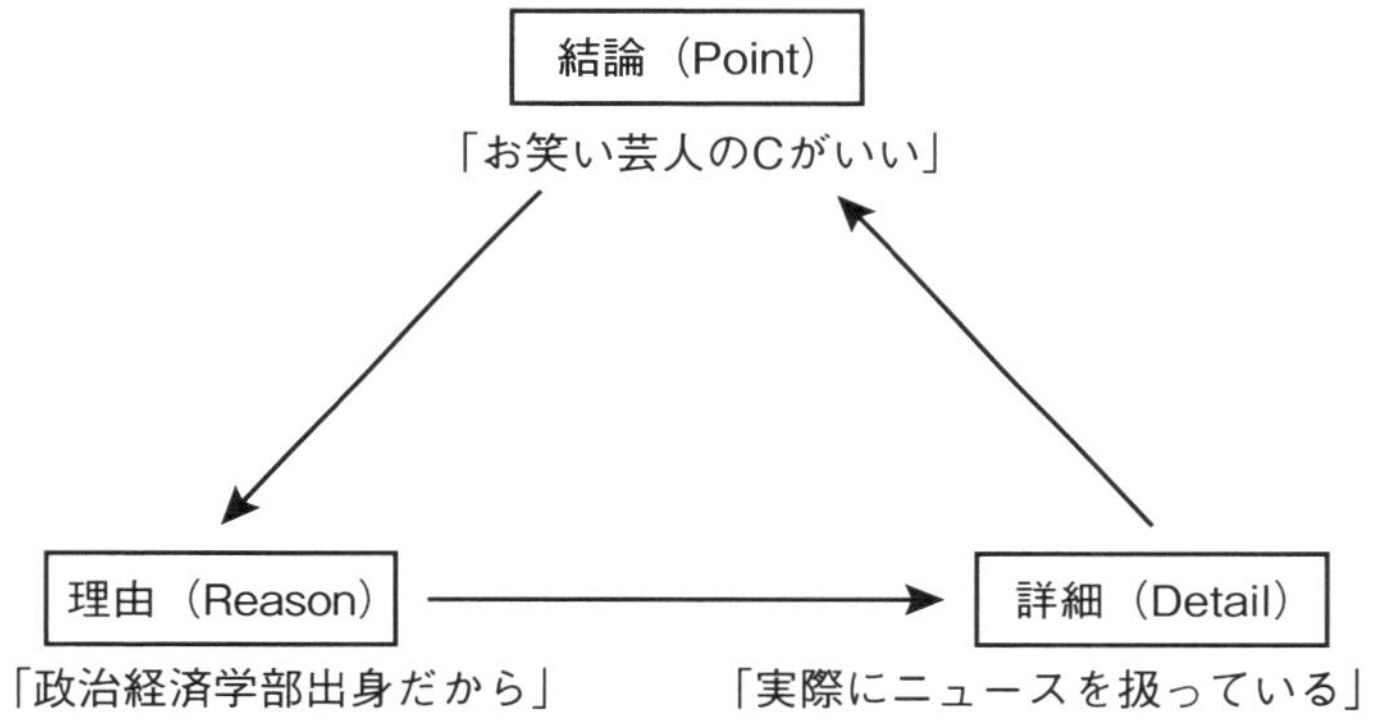

また、理由や根拠も述べていますから、当初のAくんの意見に比べて説得力が増しています。

このPRD法では、最後の詳細で終えてもいいのですが、詳細から再び結論に戻ると締まった説明になります。

先ほどの例で言えば「だからCを推薦する」といったまとめ方です。三角形を一周するイメージでしょうか。

説得力が強く、聞き手の納得感も高い

PRD法では、まず「結論」で、いちばん言いたいことを最初に述べます。

次に「理由」で結論を主張した理由を述べ、続けて理由を補強する「詳細」を示す

のです。

このPRD法を使うと、同じ説明内容でも、話が論理的となり、説得力が増します。なぜなら、聞き手の気持ちに呼応する話法だからです。

いちばん言いたい結論を最初に述べることで「そういう意見か」と、聞き手は概要を理解すると同時に「なぜ、そう主張するのか？」と疑問を抱きます。そのタイミングですかさず理由を述べれば、聞き手も「なるほど、そういうことか」と納得します。


さらに、その納得感を高めるため、続けて詳細の部分で、具体例や根拠、データなどを示します。そうすることで、相手により深い納得感を与えることができる説得力のある説明になるのです。

就活やプライベートでも「相手の心」が動く

PRD法で話すと、説得力が高まるので、セールスやプレゼン、あるいは会議で意見に同意してもらいたいときなど、単に「伝える」だけではなく、相手の気持ちを動かしたり、行動を促したりするときに有効です。さらに、面接で志望動機を述べるときや、自己ＰＲをするときにも効果を発揮します。

結果を求められるビジネスにおいて、説得力のある会話ができることは必須のスキル。ＰＲＤ法をマスターしておけば、あらゆるビジネスシーンで有利になるでしょう。

また、ＰＲＤ法は、相手の気持ちを動かしたり、行動を促したりするときにも効果的なので、ビジネスシーンだけでなく、デートの誘いなどにも有効です。

「**今度、一緒に映画に行こうよ**（**結論**）。**『×××』って映画、おもしろいと評判らしいから**（**理由**）。**とくにラストには驚く結末が待っているんだって**（**詳細**）」

断られても責任は持てませんが、ダラダラと誘うより効果はあるはずですよ。

論理的な説明の型②「クイズ法」

聞き手の注意を引きたいときはクイズ法が最適

続いては、聞き手の興味を引きつけながら、論理的に話す型をご紹介しましょう。それがクイズ法です。クイズ法とは、文字どおり「問題」↓「解答」↓「フォロー」の流れで説明すること。あなたも、テレビのバラエティ番組などで、司会者のこんな前振りを見かけませんか？

「中国では最近、健康志向の高まりからある日本食がブームなのですが、その食品とはなんだと思いますか？（問題）正解は〝納豆〟（解答）。来日した中国人旅行者が日本のヘルシーフードとして口コミで広めたことで火がついたそうです（詳細）」

こうして納豆に関する番組が始まるわけですが、この例で言えば「中国でブームの日本食とは？」が「問題」です。答えの「納豆」は、問題や問題提起に対応した「解答（解決策）」となり、「旅行者が口コミで広めた」などのフォローが「詳細」となっています。

このクイズ法を三角形の図にすると、「問題」を頂点とし、「解答」と「詳細」を左右に配した形となります（123ページ参照）。

これを踏《ふ》まえて、家電量販店に勤めるBくんが、コードレス掃除機を探しに来たお客さんに、意外なデメリットを説明する場面を見てください。

×「うーん、コードレスの掃除機ですか……。でも、コードレス掃除機の多くは、掃除できる時間よりも充電時間のほうが長いんですよ。いま、けっこう売れているようですが、買ってから充電時間の長さに気づく人も少なくないようですね。なにしろ掃除機って、けっこう電力を使う家電ですから、そうしたデメリットがあることも考えたほうがいいですね」

聞き手と問題を共有し、相手に考えてもらえる

このような取りとめのない説明を、短くわかりやすくまとめられるのがクイズ法です。先ほどのBくんの説明をクイズ法に当てはめると、こうなります。

○　**「コードレスの掃除機をお探しのようですが、意外なデメリットもあることをご存じですか？　じつは、本体の充電に思いのほか時間がかかるのです。掃除機は、けっこう電力消費する家電です。コードレス掃除機の多くは、掃除できる時間より充電時間のほうが長いそうですよ」**

「コードレス掃除機の意外なデメリットとは？」が「問題」で、「充電に時間がかかる」が「解答」となります。そして「掃除機は電力を消費する／掃除できる時間より充電時間のほうが長い」が「詳細」です。三角形の型に当てはめてみると、次ページのようになります。

この「問題→解答→詳細」の型は、ＴＢＳテレビ系列でおよそ30年間も放送されてい

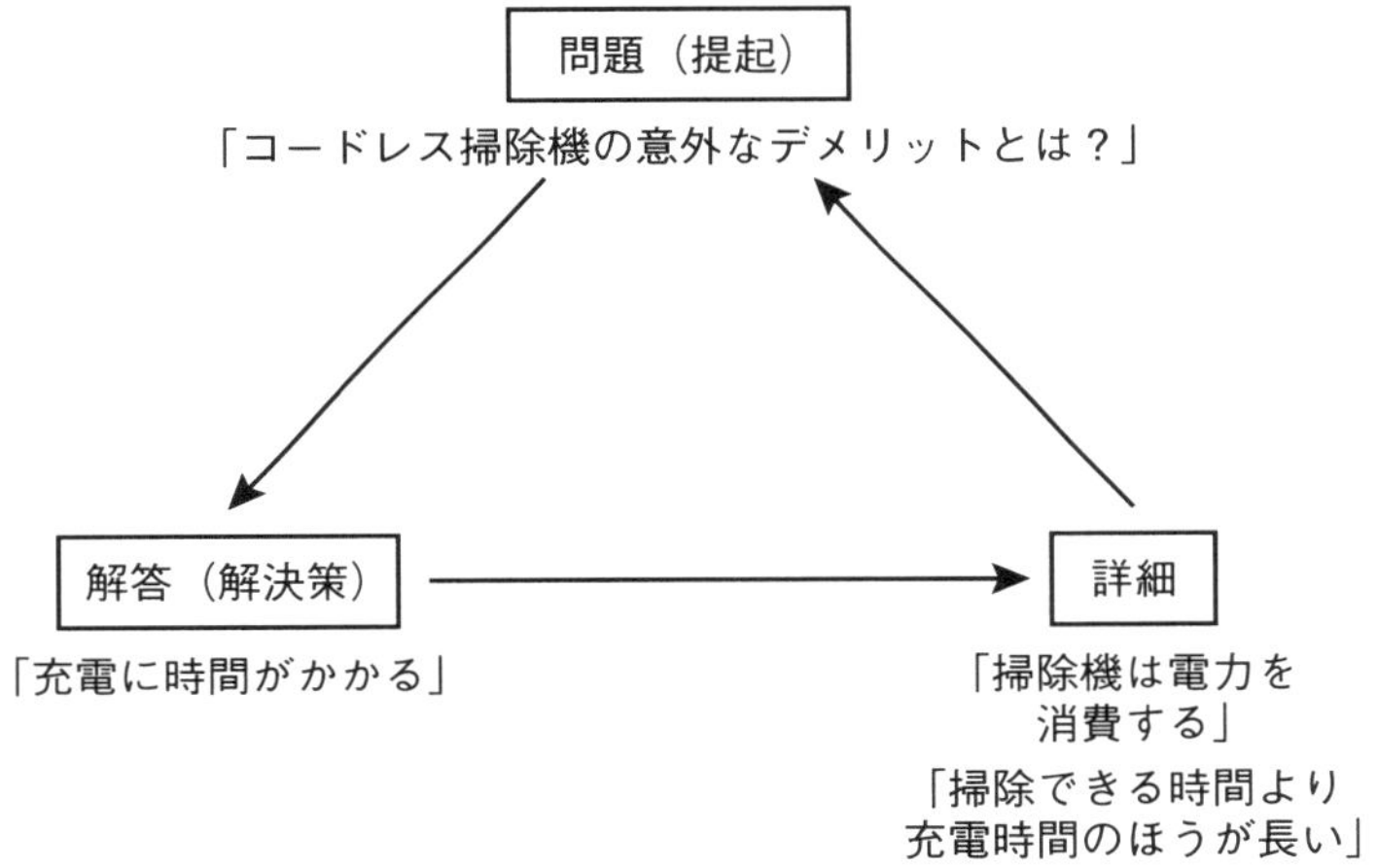

る『世界ふしぎ発見！』の出題形式でもあります。

番組のスタート時から、さまざまな形を試しては改良しながらたどり着いたもので、視聴者の興味を引きつつ、わかりやすさ＆説得力をもって説明するための黄金律です。

もちろんビジネスシーンでも、同様の効果を発揮します。

この型をビジネスの場で使うメリットは「問題提起」によって、聞き手と問題を共有しながら、相手にも「なぜだろう？　もしかしたら〜だからかな」と考えさせることができることです。

第2章にも書きましたが、人間は自分に興味がないことであっても、謎を提示されると、ザイガニック効果により、その答えをついつい知りたくなってしまう習性を持っています。

ですから、一方的に話すと「ただの退屈な説明」になってしまう話でも、問題を出題することで、興味のある話にすることができるのです。

クイズ法では、相手がさほど、こちらの話に興味や問題意識を持っていない場合でも、ともに考えさせることで関心を持たせることができます。なので、提案やセールスのときにとくに有効です。

企画書や論文にも有用だが、使えない場面もある

クイズ法は、口頭で説明するときだけではなく、企画書などを書くときにも使えます。この構造を踏まえると、非常にわかりやすく論理的になり、説得力が増すので、私は企画書を書くときはいつもこの型を活用しています。

ほかにも、この形式はプレゼンはもちろん、論文・解説文・報告書・批評・ブログの文章など、幅広い範囲で活用できます。

その場合も、ＰＲＤ法と同じように三角ベースを一周してみてください。最後にもう一度、問題に戻ったうえで「こうすれば×××の問題は解決するでしょう」などといった形でまとめます。

ただし、クイズ法を使うときには、解答の難易度に注意が必要です。ちょっと考えればすぐに答えが導き出せる問題であれば、聞き手はシラケてしまいます。

相手にも一緒に考えさせることがポイントですので、適切な難易度を見極めることが必要です。

また、迅速な報告が求められている場面でも使えません。そんなとき問題を出題していては「早く言えよ！」と怒られてしまいます。

さらに、上司に説明する場合など、相手に考えさせるのが失礼にあたるケースがあるので、やはり注意が必要です。

論理的な説明の型③「スリーポイント法」

スリーポイント法の達人だったジョブズ

続いて紹介するスリーポイント法は、別名「ホールパート法」と呼ばれる定番中の定番と言える型で、結論や全体像（Ｗｈｏｌｅ）を話の最初に提示し、それについての詳細（Ｐａｒｔ）を説明する方法です。

このスリーポイント法を最も得意としていたのが、アップルの創業者スティーブ・ジョブズです。２００５年にジョブズがおこなったｉＰｏｄの説明を要約すると、こんな感じでした。

Ｗｈｏｌｅ　「ｉＰｏｄには画期的なポイントが3つある」

Ｐｏｉｎｔ１「第１にめちゃくちゃポータブルなこと」
Ｐｏｉｎｔ２「第２にＷｉ‐Ｆｉが使えること」
Ｐｏｉｎｔ３「第３にバッテリーがとてもよくもつんだ」

また、その３年後にも、ジョブズは世界開発者会議で、自社の強みをこんなふうに話していました。

「みんなもよく知っているように、いまのアップルには３本の柱がある。最初の柱はもちろんマックだ。２本目はｉＰｏｄとｉＴｕｎｅｓによる音楽事業。そして３本目となるのがｉＰｈｏｎｅだ」

このようにスリーポイント法は、最初に全体のテーマを述べると同時に、数を予告したうえで、それぞれのパートを説明していく方法です。先に紹介したザイガニック法の応用で、「ポイントは３つある」と予告されると、聞き手は「何と何と何だろう？」と頭に「？」を浮かべます。ですから関心を持って聞いてくれるのです。

ダイヤモンドを一周して論理力を強化

スリーポイント法を図で表すと、「結論と数の予告」を頂点とし、ポイントの1から3を下に配した野球のダイヤモンドのような形になります。

この型を使って、先ほどのPRD法のときのように新しい報道番組に起用する司会者について意見を述べるなら、以下のようになります。

「新しい報道番組の司会者は、お笑い芸人のCがいいでしょう。その理由は3つです。第1に、Cが政治経済学部出身のインテリであること。第2に、自らのラジオ番組で時事問題についても語っているようにニュースに関心があること。第3に、お笑い芸人がメインキャスターを務める報道番組は、現在のところ他局にはないことです。ですから、私はCを推薦します」

先ほど紹介したダイヤモンド型に当てはめてみると、次ページのようになります。

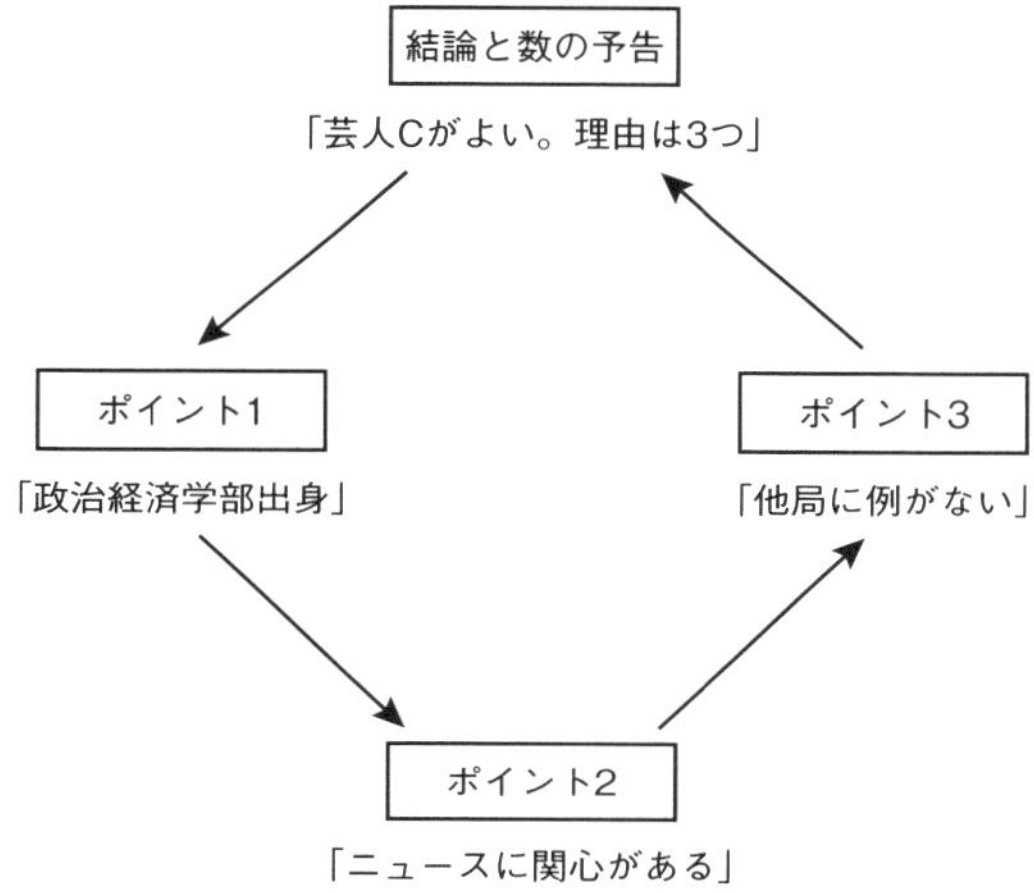

数字の代わりに見出しをつけてもいい

スリーポイント法と似たものに「見出し法」と呼ばれるものがあります。これは数字の代わりに、見出しをつける話法です。

たとえば、架空の牛丼チェーン「牛野屋」の人気の秘密について話すとき、「牛野屋の人気の秘密は〝うまい〟〝早い〟〝安い〟に集約されます」などと、数字の代わりに見出しをつけて説明を始めます。

そのうえで「まず〝うまい〟ですが、牛野屋は国産牛バラ肉にこだわっており～」などと話せば、スリーポイント法と同様に整理され、伝わりやすい話になります。

この見出し法でも、スリーポイント法と同じようにダイヤモンドを一周して、最後に再び結論を強調してまとめてください。

また、本来の「ホールパート法」では、とくに予告する数は決まっていません。４つでも５つでもいいのですが、最もいいのが３つのポイントに絞ることです。

なぜなら、２つだと説得力が乏しくなりますし、４つでは多すぎて覚えられないからです。第1章でも書きましたが、やはり３つが最も覚えやすい数なのです。

実際、日本三景や世界三大美女なら覚えやすいですが、日本四景や世界四大美女となると覚えにくいですよね。

さらに、ラジオのクイズ番組で解答の選択肢を示すときも、多くは三択です。テレビであれば、テロップやフリップで見せることができるので、まだ四択問題もできます。ですが、ラジオ番組で四択クイズを出しても、リスナーは４つすべてを覚えられないはずです。

このように、３つのポイントがあることを予告して説明することがベストなため、この本ではホールパート法をあえて「スリーポイント法」と呼んでいます。

最初にゴールを示せば聞き手も理解しやすい

スリーポイント法では、「いまから私は3つのことを話しますよ」と相手に予告することによって、コミュニケーションする相手の頭に、3ページの白紙のメモ帳を用意することができます。

それによって、相手は「3つのポイントがあるのか」と理解の準備をすることができると同時に、いま聞いている話が、全体の何分の1くらいなのかを、理解することができます。

ですから「この話、いつまで続くの？」といったストレスも感じません。

スリーポイント法の数の予告は、全体像を示す地図のようなものです。いま、全体の道のりの中のどこにいるのかを、相手に理解してもらえるので、聞き手が迷子になることがありません。

また、スピーチや講演、講座などで使うと、聴衆はメモを取りやすくなります。ジョブズのように大勢の前でプレゼンをする際、このスリーポイント法はかなり有効です。

さらに、スリーポイント法はプレゼンだけでなく、長くなりがちな説明、解説、釈明、報告、提案に役立ちます。話が長くなりそうなときは、ぜひともスリーポイント法を使ってください。

「基本の3パターン」を徹底させよう

基本の型をマスターして「守破離」を目指す

この章では、基本的な3つの型について紹介しました。

柔道、剣道、空手、合気道などの武道には、必ず基本となる「型」があります。その型を覚えることが技をみがく近道となるのです。

型どおりなんて、堅苦しいと思われるかもしれませんが、基本がきちんとマスターできていれば上達が早いだけでなく、応用も利くようになります。

ようするに「守破離」です。「守破離」とは、何かをマスターしようとするときの成長過程を示したものです。

もともとは能を確立した世阿弥《ぜあみ》の教えと言われていますが、能に限らず、書道や水墨《すいぼく》画《が》などの稽古事、茶道、華道、舞踊《ぶよう》、彫刻《ちょうこく》、歌舞伎《かぶき》といった伝統芸術の世界で、広範囲にわたって語り継がれている言葉でもあります。

「守」は基本の型を身につける段階で、「破」はその型を破って応用する段階であり、「離」はそれらに創意を加え、自分独自のものを追求し確立する段階です。

型を守り（基本の習熟）、それを破り（応用）、そして最終段階として型を離れる（創造）。どんな道であれ、それを極めていくためには、まず「型」を覚えることが大事です。

型をマスターしたら、どんどんアレンジして、あなたなりの型をつくってください。

第5章

実際に「短く」「わかりやすく」伝えてみよう

「どんな説明もひと言」の人がやっていること

本質を突くから聞き手がうなる

これまで「短くてわかりやすい説明」の基本を書いてきました。第5章は、いよいよそれらの実践編です。

説明の上級者になると、短くてわかりやすい説明ができるだけではありません。**さらにそのうえ、たったひと言で聞き手をうならせられるようになります。**たとえば、事柄の説明なら、すぐに「なるほど！」と言ってもらえ、企画の提案なら「よし、それでいこう！」と言われるようになるでしょう。

「ああでもない、こうでもない」と議論が繰り返されている会議でも、あなたのひと言で全員が「あ、それだ！」といった顔になるという、そんな誰からも一目置かれるような説明ができるようになるのです。

この本の「はじめに」で紹介した先輩放送作家のKさんが、まさにそんな説明の達人でした。Kさんのようなできる人は、いったいなぜ、そうした短くてわかりやすい説明ができるのでしょうか？

結論から言えば、それは「本質」を突いているからです。

Kさんのようなできる人の説明には、相手が（みんなが）最も知りたいことに対する本質的な答えが含まれています。だから、相手が納得するのです。

本質を突いているうえに、相手にとっては想像していなかった答えまでが、短い説明にぎゅっと詰まっている。だからこそ聞き手は納得して、うなってしまうのです。

この本で言う「本質」とは「そもそもの目的に合致するもの」です。

たとえば思春期のころ、私は毎日、石鹸《せっけん》で洗顔していました。この場合、洗顔の本質は「顔を清潔《せいけつ》に保つこと」ではなく、そもそもの目的は「ニキビを防ぐこと」でした。

しかし、朝晩、何度も顔を洗ってもニキビができてしまいます。そこで調べてもらったところ、ニキビの原因は夜更かしといった不規則な生活によって、ホルモンバランスが乱れていたから、ということでした。

そもそもの目的が「ニキビを防ぐこと」であれば、何度も洗顔を繰り返す前に、早めに就寝するなど、規則正しい生活に戻すことのほうが大切でした。それが、ニキビを防ぐこと＝そもそもの目的＝本質に迫る、正しい答えだったのです。

他人に説明をおこなう場合も同じです。説明を聞く相手が、顕在的《けんざいてき》にであれ、潜在的にであれ、最も知りたいと考えていること、つまり最も重要な問いに本質的な答えを提供すれば相手がうなる、短くてわかりやすい説明になります。

情報を「抽象化」することで言葉が短くなる

では、どうすれば短い言葉の中に、本質的な情報を凝縮させることができるのでしょうか。そのコツは、いったん説明対象を「抽象化」することで本質に迫ることです。

ちなみに、**この本でいう「抽象化」とは、「説明すべき対象から、本来の目的に従って、注目すべき要素だけに光を当てて、その他の要素は無視する」こと**です。

この場合の取捨選択は、本当の目的に従っておこないます。たとえば、リンゴを見たことがない人に、リンゴとはどういうものかを説明するケースに当てはめてみましょう。

目的がリンゴの「色や形」を伝えることだとすれば、見た目の特徴だけに注目して、その他の要素は無視します。この場合の説明は「リンゴとは、赤くて丸い果物である」になります。また、リンゴを食べたことのない人に「味」を伝えることが目的なら、味の特徴だけに注目して、その他は無視します。ゆえに「リンゴとは、甘酸っぱくて、シャリシャリした食感の果物である」となるでしょう。

このように、枝葉を取り除くことで、幹の部分＝本質を浮かび上がらせることが狙いです。まさに「不要なものを削り、必要なものの言葉が聞こえるようにする」のです。

抽象化によって抽出した要素を並べてみると、最初は異なる要素と考えていたもの同士に共通点を見いだすことができます。そうした要素を統合して凝縮したうえで、できるだけ短い言葉で表現する。それが「本質をぎゅっと詰めた短い説明」です。

説明の「概念化」＝コンセプトを意識しよう

そのように本質を含んだ言葉をつくることを、この本では「概念化」と呼びます。概念と聞くと難しく感じるかもしれませんが、身近な例で言えば、コンセプトがそれに該当します。コンセプトを日本語に訳せば、まさしく「概念」です。

たとえば、有名なｉＰｏｄのコンセプトは「１０００曲をポケットに」。このひと言の中には「どんな携帯プレイヤーよりも軽量かつコンパクトで、しかも音飛びもなく、大容量でバッテリーも長持ちする」といったさまざまな要素が凝縮されています。

スターバックスコーヒーの「サードプレイス（第３の場所）」もそうです。第１の場所である家庭でも、第２の場所である職場や学校でもない、３つめの居場所になる。そのようなメッセージを、ぎゅっと「サードプレイス」の７文字に凝縮しています。

「1000曲をポケットに」も「サードプレイス」も、具体的な言葉の中に、目に見えない本質を落とし込んだものです。ただ、ビジネスシーンでの説明なら、「１０００曲をポケットに」「サードプレイス」などと、そこまでスタイリッシュにする必要はありません。もっとより具体化された、普通の言葉で本質を言い表せばよいのです。

では具体的に、短い言葉に多くの情報をぎゅっと詰めた「概念化された説明」は、どのようにしたらできるのでしょうか。

概念化された説明をするための5つのステップ

短い説明に、多くの情報をぎゅっと詰めた概念化された説明は「本来の目的に従い、情報を整理して、抽象化したうえで統合する」ことでき上がります。
具体的なステップでいうと、次のような流れになります。

①情報を集める
②本来の目的に従って情報を整理する
③情報を分析する
④分析した情報を抽象化して統合する
⑤統合した要素で説明する

これが短くても多くの情報を詰めた、概念化された説明のつくり方です。

もっとも、そう言われてもピンとこない方も多いと思います。そこで次からは、概念化された説明のつくり方について、具体的な例をあげながら、そのプロセスを一緒に見ていくことにしましょう。

ケーススタディ1

「なぜカップヌードルはヒットしたのか」説明する

実際の事例を通して概念化を身につける

この項目からは、みなさんにケーススタディとして、概念化された説明をつくってもらいたいと思います。

概念化のプロセスに進む前に、まず舞台設定をさせてください。

時は1972年。あなたはある食品メーカーの社員です。その前年、日清食品が発売した「カップヌードル」が大ヒット。あなたは、所属するチームのトップから「今後のヒット商品開発の参考とするため、なぜカップヌードルがここまで売れているのか、そのヒットの秘密を探れ」とのミッションを授けられました。

つまり、あなたは発売されたばかりの「カップヌードルがヒットした理由」についての説明を求められているのです。

こうしたケースでは、「消費者にアンケート調査をおこなう」などの方法もあるでしょう。ですが今回は、できる人の思考法を理解するため、あえてそうした手法はとらずに、紙とペンだけを使って、ぎゅっと本質を詰めた、概念化された説明のつくり方を見ていくことにしましょう。

1972年当時のカップヌードルはこんな状況だった

いまでは「カップヌードル」を知らない人はほとんどいません。

なにしろ、1971年9月18日に「世界初のカップ麺《めん》」として誕生して以来、80以上の国と地域で販売されていて、いまや累計販売食数が400億食を突破している大ロングセラー商品ですから。

そんなカップヌードルですが、発売した当初は苦戦が続いていました。理由は値段です。日清食品は100円の希望小売価格で売り出したのですが、当時すでに一般的だった袋入りのインスタントラーメンは25〜35円。両者の価格設定には3〜4倍もの差があったため、問屋が「高すぎて売れない」と判断し、注文が入らない日々が続いていました。

ところが、発売翌年の1972年2月、逆境にあったカップヌードルに神風が吹きます。日本を震撼《しんかん》させた「あさま山荘事件」が起きた際に、機動隊員達が雪景色の中、カップヌードルを食べる場面が日本全国に生放送されたのです。


あさま山荘事件といっても、若い世代の中には、知らない方も多いかもしれません。簡単に説明しておきましょう。

この事件は、1972年2月19日から28日にかけて、長野県北佐久郡軽井沢町にあったあさま山荘に、左翼テロ組織「連合赤軍」が人質をとって立てこもった事件です。極寒の中、銃で武装して、あさま山荘に立てこもる連合赤軍と警察・機動隊との銃撃戦などが、テレビで生中継されたため、日本中が事件の推移に注目して、最高で89・7%の驚異的な視聴率を記録しました。

事件当時の現場はマイナス15度前後でした。そのような状況下では、機動隊員や警察官らに配る弁当も、すぐにかちかちに凍ってしまいます。ですから、熱湯を注《そそ》いで3分ですぐに食べられるカップヌードルが、弁当として導入されたのです。

氷点下の屋外で、湯気を立てるカップヌードルを立ったまま食べている機動隊員の姿が、カメラにとらえられたことがきっかけとなって、カップヌードルの認知度は一気に高まり、大ヒット商品となりました。

そんなカップヌードルの「ヒットの理由」を説明するのが、あなたのミッションです。そのためのステップは以下の5つでした。

①情報を集める
②本来の目的に従って情報を整理する
③情報を分析する
④分析した情報を抽象化して統合する
⑤統合した要素で説明する

まずは、カップヌードルについての情報を集めましょう。

ステップ①情報を集める

この時点では「関係なさそう」な情報も捨てない

あなたのミッションは、今後のヒット商品開発の参考とするため、なぜカップヌードルがここまで売れているのか、そのヒットの秘密を調べて、短くわかりやすく説明することです。

そのために必要な最初のステップは「情報を集める」。ですから、まずは前年に発売され、大ヒットしているカップヌードルについての情報を集めます。

当時は、いまのようにインターネットはありません。そこであなたは、新聞や雑誌などから、カップヌードルについて、次のような情報を集めることができました。

ただし、あくまで1972年当時のカップヌードルに関する情報です。現在と異なる点もいくつかありますので、その辺りは（注）を参照してください。

【カップヌードルの情報】

・世界初のカップ麺
・カップは発泡スチロール製
（注）2008年4月から紙製の「ECOカップ」に変更されました
・日清食品の社長で、チキンラーメンの開発者である安藤百福《あんどうももふく》氏が発案
・カップの蓋は、アルミ箔《はく》と紙を貼り合わせた構造で密封性が高い
・麺は「瞬間油熱乾燥法《しゅんかんゆねつかんそうほう》」と呼ばれる方法で製造
・麺のかたまりはカップの形状に合わせた円錐《えんすい》台形、厚みは4㎝
・カップの底に空洞《くうどう》をつくることで、出荷時の麺割れを防ぐとともに、湯を注いだときに対流を発生させる中間保持構造
・中間保持構造により、時間の経過とともに徐々に麺の重心が下に移動して、3分後の完成時には、何もしなくても全体が自然とほぐれ、食べやすくなる疎密麺塊構造《そみつめんかいこうぞう》

・かやくはフリーズドライのむきエビ、ネギ、スクランブルエッグに類似した卵、味の濃いミンチ肉（成型肉）の組み合わせ
・麺をカップに入れたことで鍋もどんぶりも不要になった
・ラーメンではなく「ヌードル」とネーミングし、新しい食品と印象づけた
・希望小売価格は１００円、25～35円の袋入りインスタントラーメンの３～４倍
・パッケージにプラスチック製フォークが添付されている
（注）いまは添付されていませんが、発売当初は、透明なプラスチックのフォークが容器に貼りつけられて販売されていました
・発売当初は苦戦したが、銀座の歩行者天国で大々的な宣伝をおこない、４時間で2万食も販売した
（注）開発者の安藤氏は、アウトドアで立ったまま食べるファストフードとすることを考えていました。プラスチック製のフォークを添付したのもそのためです
・発売翌年の１９７２年2月、あさま山荘事件が起きた際に、機動隊員達が食べる場面が日本全国に生放送され、視聴者の注目を集めた
・パッケージの基本的なデザインは、１９７０年に大阪で開催された日本万国博覧会の

シンボルマークをデザインした大高猛《おおたかたけし》氏によるもの
・直射日光の当たらない常温の場所で保管
・麺に使用される小麦の主な原産国はオーストラリア、アメリカ、日本、カナダ

このように情報を集めることで、カップヌードルの全体像を把握することができました。集めた情報は、次のステップ②で整理しやすくするため、箇条書きにしておきましょう。

ステップ②本来の目的に従って情報を整理する

枝葉を切って情報を整理する

続いてのステップは「②本来の目的に従って情報を整理する」ことです。

情報を整理するときのコツは、まず本来の目的と関係ない情報を削っていく作業をおこないます。

今回のミッションの目的は「なぜカップヌードルがここまで売れているのか、そのヒットの秘密」を調べて説明すること。

何のためかと言えば「今後のヒット商品開発の参考とするため」です。その目的のためにヒットの理由を探るのであれば、消費者目線の情報が重要になります。

ですから「社長の安藤百福氏が発案した」などといった「ヒットの理由」とは関係なさそうな、つまり重要度の低い情報から捨てていくことになります。

「瞬間油熱乾燥法」といった製法に関する情報も「カップヌードルのヒット理由」とは関係なく、重要度が低いので、これも削っていきましょう。そう考えれば、デザイナーの名前や保管法、小麦の輸入国なども重要度は低いはずです。

こうやって、本来の目的とは無関係な情報を、いったん削除しましょう。そうして削っていった場合、残ったのはこれらの情報です。

【カップヌードルの重要な情報】

・世界初のカップ麺
・かやくはフリーズドライのむきエビ、ネギ、スクランブルエッグに類似した卵、味の濃いミンチ肉（成型肉）の組み合わせ
・麺をカップに入れたことで鍋もどんぶりも不要になった
・ラーメンではなく「ヌードル」とネーミングし、新しい食品と印象づけた

・パッケージにプラスチック製フォークが添付されている
・発売当初は苦戦したが、銀座の歩行者天国で大々的な宣伝をおこない、4時間で2万食も販売した
・発売翌年の1972年2月、あさま山荘事件が起きた際に、機動隊員達が食べる場面が日本全国に生放送され、視聴者の注目を集めた

もちろん最初から、重要度の高そうな情報から集めても構いません。ですが、いったんこうして全体像をつかんでおくと、一度は「これは関係ない」と思った情報が、あとでつながりを持つこともあるのです。

ですから削った情報も、とりあえず頭の片隅に置いておきましょう。ノートに書いている場合は、消しゴムで消すのではなく、上から線を引くくらいにしておきます。

さあ、情報を絞り込んだら、3番目のステップである「情報を分析する」作業に移りましょう。

ステップ③情報を分析する

分析するときのコツは「なんとなく」

次はステップ③の「情報を分析する」です。情報の分析も、やはり本来の目的に従っておこないます。

今回は「カップヌードルのヒットの秘密を探ること」が目的ですから、まずは絞り込んだ情報から、あなたなりにヒットの理由を考えてみましょう。

この分析では「なんとなくそう感じる」程度で構いません。あくまで「あなたなり」の分析ですから、正解や不正解もありません。気を楽にして、なぜカップヌードルが人気を呼んでいるのか、その理由をそれぞれの情報から、個別に推察してみましょう。

私でしたら、それぞれの情報から次のようなことを推察していきます。

【分析例】

・世界初のカップ麺

↓「それまでになかった食品で、物珍しくてインパクトがあった」

・かやくはフリーズドライのむきエビ、ネギ、スクランブルエッグに類似した卵、味の濃いミンチ肉（成型肉）の組み合わせ

↓「かやくが充実しているので、袋入りのインスタントラーメンよりも本物っぽい」

・麺をカップに入れたことで鍋もどんぶりも不要になった

↓「鍋やどんぶりがいらない、つまり手間がかからない」

・ラーメンではなく「ヌードル」とネーミングし、新しい食品と印象づけた

↓「ヌードルのほうが、ラーメンよりもオシャレな感じがする」

・パッケージにプラスチック製フォークが添付されている
↓「フォークで食べるなんて、新しくてかっこいい」
・発売当初は苦戦したが、銀座の歩行者天国で大々的な宣伝をおこない、4時間で2万食も販売した
↓「銀座のホコ天で売ることで、都会的な食べ物のイメージを与えながら、同時に屋外でも食べられることをアピールできた」
・発売翌年の1972年2月、あさま山荘事件が起きた際に、機動隊員達が食べる場面が日本全国に生放送され、視聴者の注目を集めた
↓「結果として、寒い屋外でも食べられることを大々的にアピールできた」

まずは、このようにざっくりと分析してみます。この分析結果は、ワープロソフトでもノートでもA４用紙でもいいので、書き出しておきましょう。

ステップ④分析した情報を抽象化して統合する

抽象化することで本質が浮かび上がる

次に、先の分析結果を抽象化したうえで統合していきます。ただし「抽象化して統合する」と言われてもわかりにくいでしょうから、この項目では、その具体的なやり方をご紹介していきます。

このステップに必要なのが、物事を「抽象化」して考えてみることです。138ページで書いたように、この本でいう「抽象化」とは「説明すべき対象から、本来の目的に従って、注目すべき要素だけに光を当てて、その他の要素は無視する」ことです。そうして枝葉を切ることで、幹の部分=本質を浮かび上がらせることが狙いです。

今回は、あなたなりの分析を、10文字以内のキーワードになるまで抽象化してください。ただし「これが正解」というものはありません。ですから、あなたなりの言葉でまとめてみましょう。ひとつに絞れない場合は、複数の単純化した特徴を書き出してみてください。

例を示すなら「世界初のカップ麺」。

この要素から「それまでになかった食品で、物珍しくてインパクトがあったからヒットしたのではないか」と分析したのであれば、その分析結果を、どんどん単純化して短い言葉にしていきましょう。

国語の授業で習った「要約」の要領です。文字どおり「要《かなめ》」となるワードに集約してください。この場合「新鮮だった」「目新しい」などのワードに要約することもできますが、「インパクト」のニュアンスも盛り込みたいところです。

そう考えると、この場合であれば「発想が独自で、それまでにまったく類のないさま」を意味する「斬新」といった言葉に行き着くのではないでしょうか。

このようにして、紙に書き出した分析結果をどんどん短い言葉にしていきましょう。私の分析は、以下のようになりました。

【情報の抽象化】

・世界初のカップ麺
↓「これまでにない食品で、物珍しくてインパクトがあった」
↓「**斬新**」

・かやくはフリーズドライのむきエビ、ネギ、スクランブルエッグに類似した卵、味の濃いミンチ肉（成型肉）の組み合わせ
↓「かやくが充実しているので、袋入りのインスタントラーメンよりも本物っぽい」
↓「**本格的**」

・麺をカップに入れたことで鍋もどんぶりも不要になった
↓「鍋やどんぶりがいらない、つまり手間がかからない」
↓「**簡単便利**」「**いつでも、どこでも**」

・ラーメンではなく「ヌードル」とネーミングし、新しい食品と印象づけた
↓「ヌードルのほうが、ラーメンよりもオシャレな感じがする」
↓「シャレている」

・パッケージにプラスチック製フォークが添付されている
↓「フォークで食べるなんて、新しくてかっこいい」
↓「シャレている」

・発売当初は苦戦したが、銀座の歩行者天国で大々的な宣伝をおこなって4時間で2万食も販売した
↓「銀座のホコ天で売ることで、都会的な食べ物のイメージを与えながら、同時に屋外でも食べられることをアピールできた」
↓「シャレている」「いつでも、どこでも」

・発売翌年の1972年2月、あさま山荘事件が起きた際に、機動隊員達が食べる場面

が日本全国に生放送され、視聴者の注目を集めた
↓「結果として、寒い屋外でも食べられることを大々的にアピールできた」
↓「いつでも、どこでも」

単純化した情報から要素を絞り込む

ざっくり単純化したことで、カップヌードルが人気を呼んだ理由の要素が、かなり絞り込めました。なかには重複するものもありますが、こうして重複したものは統合しましょう。単純化したことで、異なる情報同士に共通の要素が見えて、統合が可能になったのです。

私の場合「いつでも、どこでも」「シャレている」が、最多で3つずつ残りました。自分としては、この2つがカップヌードルのヒットの秘密として、大きな要素を占めていると分析できたようです。

統合すると、カップヌードルのヒットの理由として残るのは、次の5つの概念化されたキーワードです。

・いつでも、どこでも
・シャレている
・斬新
・本格的
・簡単便利

もちろん、人によってまとめ方や、選ぶ言葉は異なるでしょう。また当時は「シャレている」ことを「ナウい」と表現しましたから「シャレている」と「斬新」は、統合できるかもしれません。

また、ここにあげた本質を、さらに抽象化して概念化することもできます。例をあげれば「いつでも、どこでも」は、さらに抽象化して概念化すると「自由」の2文字に行き着きます。

昔のカップヌードルのCMの中には「フリーダム」とか「ボーダレス」といったコンセプトでつくられているものが多くあります。カップヌードルの本質が「自由」という概念で表せることを考えれば、そうしたコンセプトのコマーシャルができたことも理解できます。

いずれにしても、単純化して統合したキーワードが、あなたの考える「カップヌードルのヒットの本質」です。

あとはこれらを組み合わせたり、どれかひとつに注目して強調したりしながら、具体的な説明のための言葉に落とし込めば、本質を含んだ、短くてわかりやすい説明ができるのです。

ステップ⑤　統合した要素で説明する

概念的な要素は「型」にはめる

情報を分析して、抽象化することで、カップヌードルがヒットした理由の、概念的な要素が見えてきました。その要素が、この5つです。

・いつでも、どこでも
・シャレている
・斬新
・本格的
・簡単便利

これが「いまも長く売れ続けている理由の分析」であれば「ブランド力」「飽きない味」「味やサイズのバリエーションの豊富さ」「安心感・安定感」などがあげられるのでしょう。ですが、発売当初のカップヌードルは、こうした要素で売れていたと分析できました。

あとは、この概念化された本質的な要素を言葉にすれば、短くてわかりやすい、しかも情報がぎゅっと詰まった説明ができ上がります。

その場合、大切なのは概念化された言葉に、具体例をフォローして伝えること。概念と具体例を並べることで、より伝わりやすくなります。その方法はとても簡単。第４章で紹介した「型」に当てはめるだけでいいのです。

あなたのミッションは「今後のヒット商品開発の参考とするため、なぜカップヌードルがここまで売れているのか、そのヒットの秘密」を調べて、短くわかりやすく説明することです。

それに応えて説明をおこなうわけですが、あくまであなたなりの見解ですから、正解はありません。ですから、どの要素を選んでも結構です。

選ぶ数にも正解はありません。いくつか選んでもいいですし、組み合わせて使っても構いません。

並列した要素は「スリーポイント法」で説明

では、まずスリーポイント法に当てはめて説明を完成させましょう。

先ほどあがったキーワードは5つありました。こうして複数の並列要素がある場合に、最も使いやすいのがスリーポイント法です。

改めてスリーポイント法の型をおさらいしておきましょう。

テーマと数の予告をしたうえで、3つのポイントを述べるのが、スリーポイント法でした。

これを使って「なぜカップヌードルはヒットしたのか？」という問いに答えてみましょう。

5つの概念のどれを使っても構いませんが、「簡単便利」「いつでも、どこでも」「本格的」の3つをピックアップして説明するなら、次のようになります。

「カップヌードルが売れているのには、３つの理由があると考えます。

第１に〝簡単便利〟であること。なにしろお湯を注ぐだけですから。

第２に〝いつでも、どこでも〟食べられること。屋外でも食べられますし、夜食にも最適です。

第３に〝本格的〟であること。かやくの充実ぶりは見事です。

この３つの要素が、カップヌードルの人気を支えているのです」


型に当てはめれば、次ページの図①のようになります。


また、今回の抽象化作業では、最終的に「シャレている」に行き着く要素が３つもありました。こうした並列的な要素が３つある場合にも、スリーポイント法は有効です。

結論を「シャレている」でまとめたいのであれば、このような感じです。


「カップヌードルが売れているのは３つの〝シャレたイメージ〟の演出が最大の要因でしょう。

図①

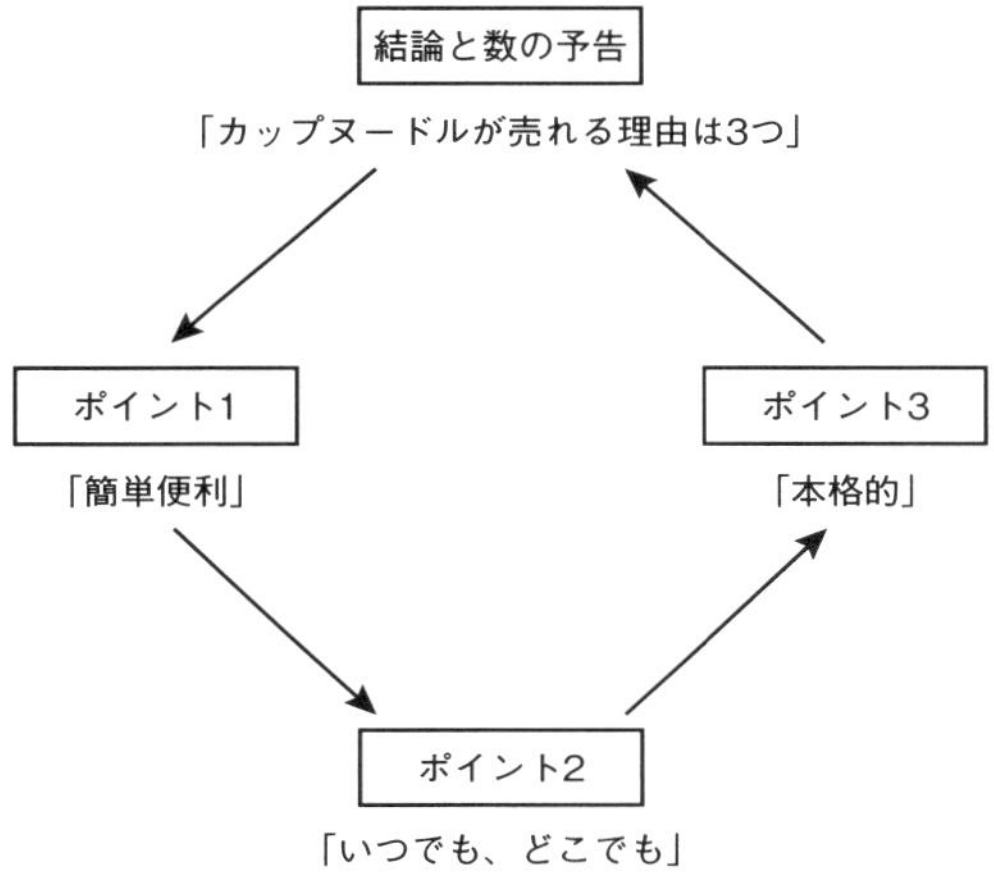

第1に銀座の歩行者天国でのキャンペーン。あれで〝都会的なシャレた食べ物〟というイメージを、消費者に与えることができました。

第2にラーメンではなく、ヌードルと名づけたネーミングのセンス。これもオシャレです。

第3にフォークをつけたこと。これもオシャレなイメージを強調しています。

このようなシャレたイメージが、若者を中心に受けているのではないでしょうか」

ダイヤモンド型の図にすると、次ページの図②のような感じになります。

図②

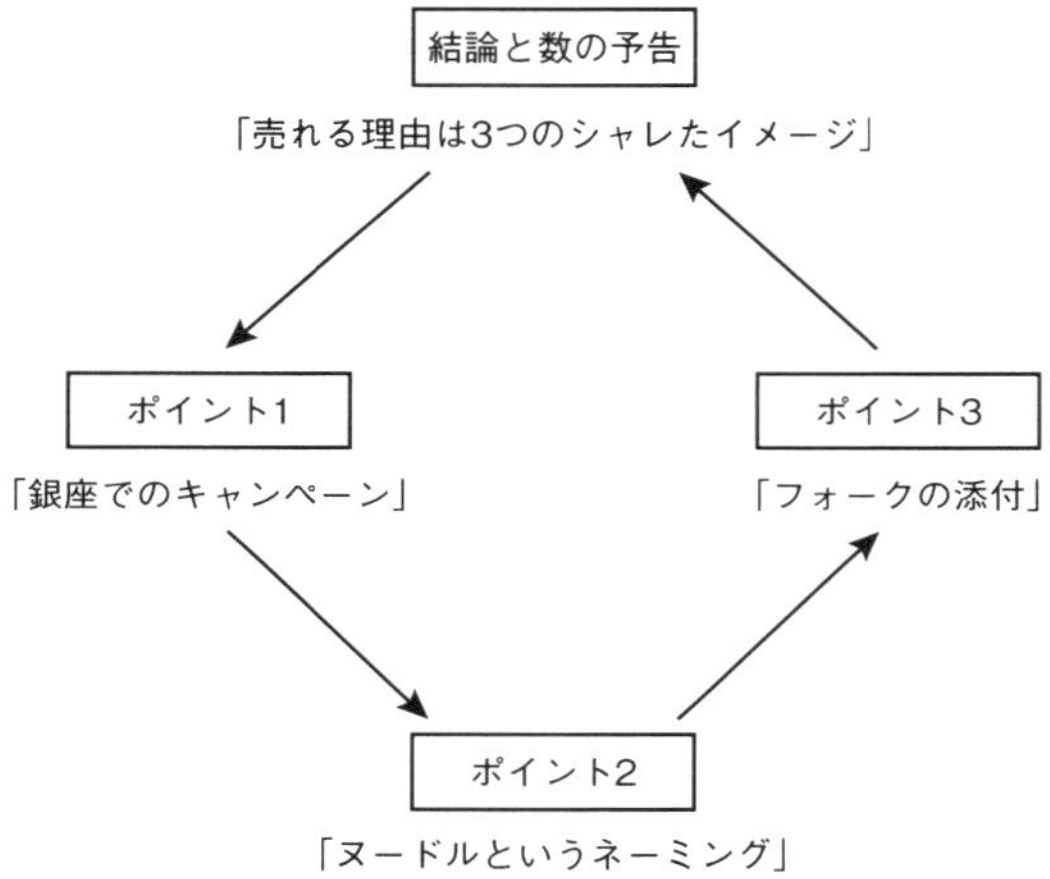

　また、結論を「シャレている」に集約するのであれば、今回の情報を整理するときに一度は削った「パッケージの基本的なデザインは、１９７０年に大阪で開催された日本万国博覧会のシンボルマークをデザインした大高猛氏によるもの」を拾い上げるのもありです。

「カップのデザインもオシャレです。万博のシンボルマークをつくったデザイナーが手がけたそうです」といった具体的な要素を、どれかを外して加えてもいいですね。

　概念化すると、最初は関係ないと考えていたことが、このようにつながることがあります。ですから最初はざっとでいいの

図③

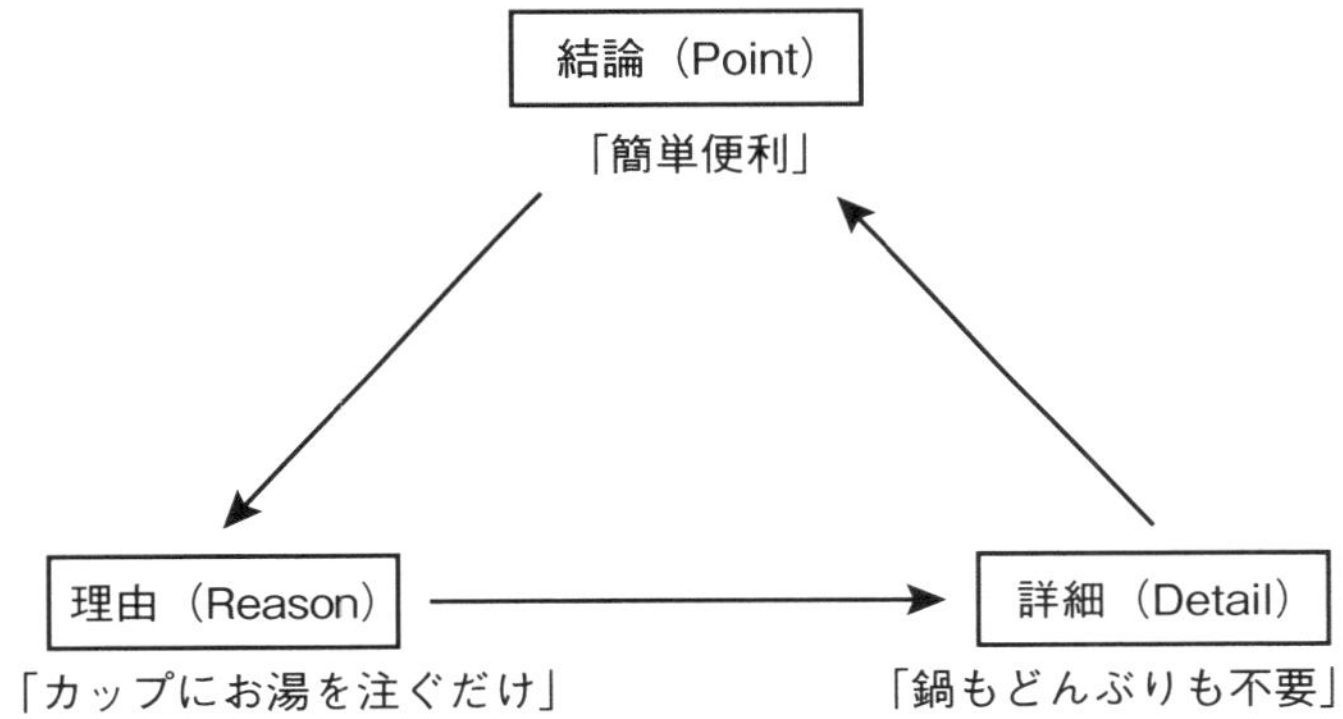

で、全体像を確認しておきましょう。

結論を強調したいときは「PRD法」

どれかひとつの結論を際立たせたい場合は、PRD法を使えば、結論が強調された、短くわかりやすい説明をすることができます。

PRD法の型をおさらいしておきましょう。まず、結論を最初に言って、その理由を述べ、詳細をフォローするのがPRD法の型でした。この型を使うなら、カップヌードルの人気の理由は、次のように説明することができます。

ちなみに、その説明を図にすると、上の図③のようになります。

「カップヌードルがここまで売れている最大の理由は、簡単便利であるからです（結論）。なぜなら、カップにお湯を注ぐだけ（理由）。袋入りのインスタントラーメンのように鍋も、どんぶりも必要ないからです（詳細）。この簡単にして便利なところが受けているのではないでしょうか」

有益な答えがあるときは「クイズ法」を使う

カップヌードルのヒットの理由は、クイズ法でも説明できます。

クイズ法の注意点としては「出題の難易度に注意すること」と前述しました。この場合も「簡単便利」「いつでも、どこでも」を解答にすると、やさしすぎてクイズには向きません。

ですから、まだ相手が気づいていないような理由を解答に用意し、説明してみましょう。こんな感じです。

「いろんな意見が出ましたが、もうひとつ重要な理由があると私は考えます。どんなことかおわかりですか？（問題）

図④

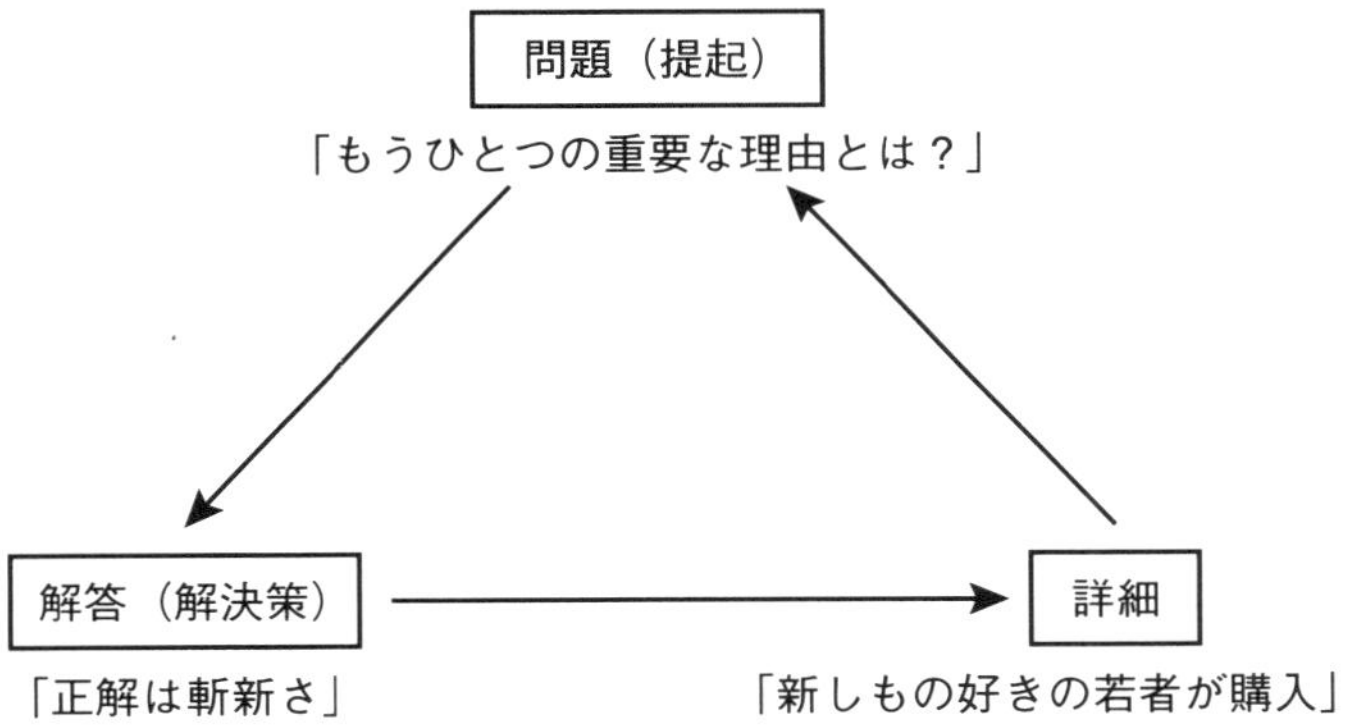

答えは〝斬新さ〟です（解答）。実際に、いまメインとなっている購買層は10代から20代の若者です（詳細）。新しもの好きな若者にインパクトを与えたことも、カップヌードルがヒットした理由として見逃せません」

これを図にするなら、上の図④のようになるでしょう。

クイズ法は、相手の頭にいったん「？」を浮かべさせて、そのあとで結論を言う型です。一緒に考えさせたうえでズバリと解答を述べれば、相手により強いインパクトを与えることができますので、ここぞというときに使ってみてください。

その解答が相手にとって意外なものであればあるほど、インパクトは強くなります。

いかがでしょうか？

どの型を使うにしても、前述したような説明がさらっとできれば、「おっ、こいつはできる！」と評価されるはずです。

ケーススタディ2

「オートファジー」を短くわかりやすく説明する

「5つのステップ」で難解用語も簡単に！

短くてわかりやすい説明の例として、第1章で「オートファジーの仕組み」を次のように説明しました。

「オートファジーは、私たちの社会の〝あるシステム〟に似ています。それはゴミのリサイクル。細胞自身が細胞内のゴミを掃除しながら、リサイクルする仕組みなのです」

じつはこの説明も、次の5つのステップでつくったものです。

①情報を集める
②本来の目的に従って情報を整理する
③情報を分析する
④分析した情報を抽象化して統合する
⑤統合した要素で説明する

ここでは、実際にそのプロセスを紹介するので、あなたには情報番組の放送作家になっていただきます。今回のケーススタディの目的は「オートファジーの仕組みを、視聴者である主婦層にわかりやすく説明する」ことにしましょう。

①情報を集める

オートファジーについては、今回ウィキペディアから1次情報を集めました。次のようなものです。

・細胞が持っている仕組みのひとつ

・自食とも呼ばれる
・酵母からヒトにいたるまでの真核生物に見られる機構
・細胞内での異常なタンパク質の蓄積を防ぐ
・細胞質内に侵入した病原微生物を排除する
・過剰にタンパク質合成したときや栄養環境が悪化したときに、タンパク質のリサイクルをおこなう
・個体発生の過程でのプログラム細胞死や、ハンチントン病などの疾患の発生、細胞のがん化抑制にも関与する

これらの情報を、まずは「本当の目的」に従って整理していきましょう。

②本来の目的に従って情報を整理する

今回の目的は「オートファジーの仕組みを、視聴者である主婦層にわかりやすく説明する」ことです。つまり「仕組み」に関係のない要素は削除することができます。

その場合、残るのは次のような要素でしょう。

・細胞が持っている仕組みのひとつ
・細胞内での異常なタンパク質の蓄積を防ぐ
・細胞質内に侵入した病原微生物を排除する
・過剰にタンパク質合成したときや栄養環境が悪化したときに、タンパク質のリサイクルをおこなう

こうして絞り込んだら、次に情報を分析しましょう。

③情報を分析する

カップヌードルの場合は「ヒットの秘密を探る」ことが目的でしたが、今回は「視聴者である主婦層にわかりやすく説明する」ことが目的です。

なので、情報を分析する際は「これって、わかりやすく言うと、どういうことなのだろう？」と考えながらメモしていきます。

・細胞が持っているる仕組みのひとつ
↓細胞自身が持つ仕組み
・細胞内での異常なタンパク質の蓄積を防ぐ
↓余計なタンパク質を取り除く
・細胞質内に侵入した病原微生物を排除する
↓異物を取り除く
・過剰にタンパク質合成したときや栄養環境が悪化したときに、タンパク質のリサイクルをおこなう
↓タンパク質のリサイクルをおこなう

分析した情報を改めて整理した場合、オートファジーとは以下のようなものだとわかりました。

・細胞自身が持つ仕組み
・余計なタンパク質を取り除く
・異物を取り除く
・タンパク質のリサイクルをおこなう

つまり、オートファジーとは「細胞自身が持つ」「余計なタンパク質を取り除き」「異物を取り除き」「リサイクルをおこなう仕組み」だとわかります。

次に、これらの情報を抽象化して統合してみましょう。

④分析した情報を抽象化して統合する

まず「余計なタンパク質を取り除く」と「異物を取り除く」のふたつを抽象化した場合、どちらも「余計なものを取り除く」と統合できます。

今回は、視聴者である主婦層にわかりやすく説明することが目的ですので、次に「余計なものを取り除く」を、何か主婦の日常の行動に当てはめて、よりわかりやすくすることができないかを考えましょう。

主婦の方が「余計なものを取り除く」行動を、どんなことになぞらえるでしょうか？

いろいろとあるでしょうが、私なら「リサイクルをおこなう」と相性のよい行動になぞらえます。

それが「ゴミの掃除」です。

つまり、オートファジーの仕組みとは「細胞自身が持つ」「細胞内のゴミを掃除して」「リサイクルする」仕組みであると概念化できます。

⑤統合した要素で説明する

以上の要素を、あとは型に従って説明するだけです。今回は視聴者に興味を持ってもらうため、クイズ法の型を使いました。

これに当てはめてできたオートファジーの仕組みについての説明がこちらです。

「オートファジーは、私たちの社会の〝あるシステム〟に似ています（なんだと思いますか？）。**それはゴミのリサイクル。細胞自身が細胞内のゴミを掃除しながら、リサイ**

クルする仕組みなのです」

図にすると、次ページのようになります。

例にあげた「ゴミのリサイクル」というひと言（解答）は、たった8文字です。ですが、そのひと言の中に「細胞内での異常なタンパク質の蓄積を防ぐ」「細胞質内に侵入した病原微生物を排除する」「過剰にタンパク質合成したときや栄養環境が悪化したときにタンパク質のリサイクルをおこなう」といった情報が内包されています。

このように概念化された説明は、サイズは小さくても、多くの情報が詰め込まれているのです。

概念化された説明とは「圧縮ファイル」

たとえるなら、圧縮ファイルのようなものと言えるでしょう。

もちろん表面上は、そこまでわかりません。ですが、短い言葉に凝縮した分、パワーを持つ言葉になっているのです。

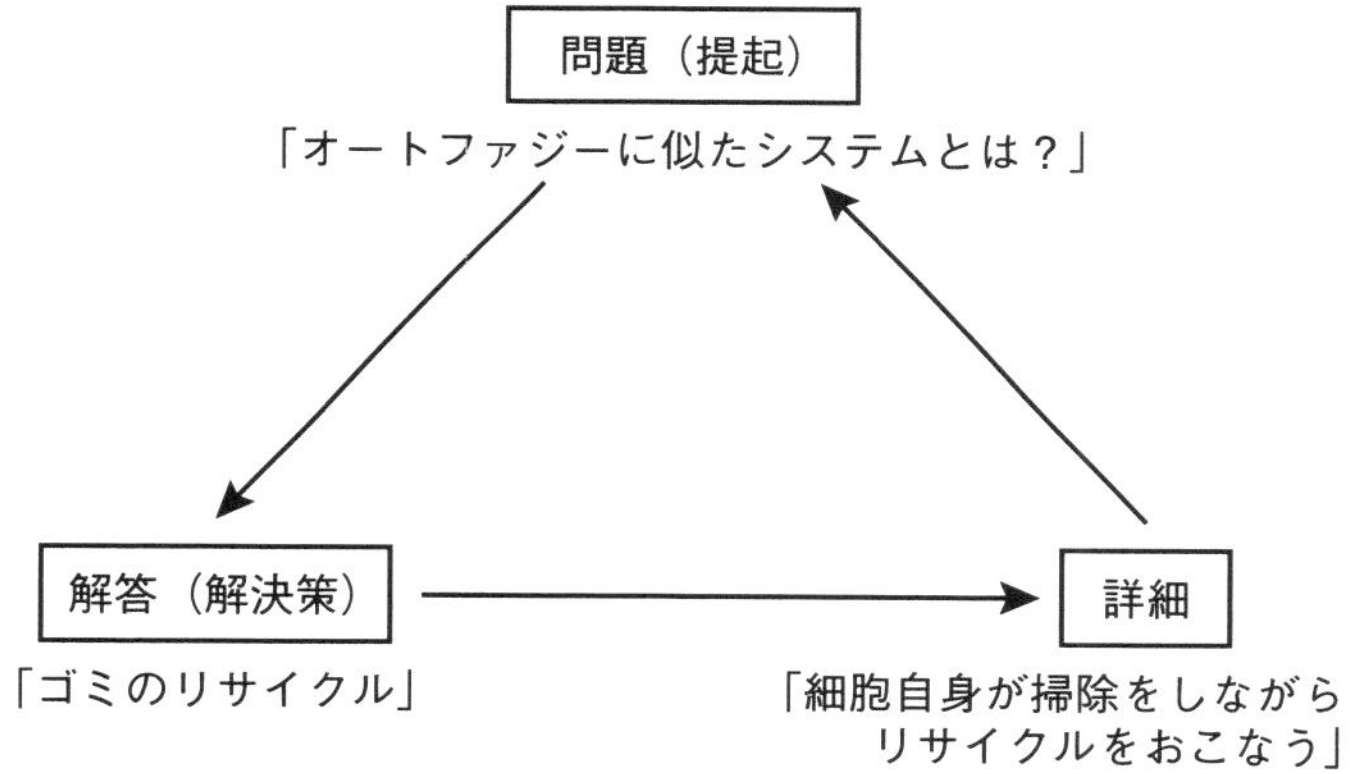

ぜひ、あなたも実際に5つのステップで、何かの説明を考えてみてください。何度かやってみると、概念化された説明が、きっと簡単にできるようになります。

短くてわかりやすい説明ができる人の思考法

できる人は「5つのステップ」が癖になっている

ここで、おさらいをしておきましょう。短い説明に多くの情報がぎゅっと詰まった説明は、この5つのステップでつくることができます。

①情報を集める
②本来の目的に従って情報を整理する
③情報を分析する
④分析した情報を抽象化して統合する
⑤統合した要素で説明する

この章では、5つのステップをじっくりと解説してきました。

ただ、本当にできる人は、ミッションを与えられていなくても、5つのステップの①から④を日常でおこなっています。つねにアンテナを張り、何かヒットしているものを見つけたら、そのヒット商品の情報を集めて、自分なりに分析し、その分析から得られた情報を統合して、本質を理解しようとしているのです。

たとえば、何気なく開いた雑誌の中で、「握り心地や書き味を自分好みに選ぶことができるボールペンがヒットしている」という記事を目にしたとします。

できる人は、そのボールペンのヒットの秘密を抽象化して、「選べる」「カスタマイズ」などのキーワードを抽出します。

それから、次のように発想を広げるのです。

「麺の太さから、スープの味、具や丼も自由にカスタマイズできる選べるラーメン店があったらおもしろい」

「室内を自由にカスタマイズできるホテルなんてどうだろう？」
「メンバーを自由に選べるアイドルグループって実現できないかな……」

このように、抽象化と具体化を繰り返す、頭の体操をおこなっているのです。それが思考の癖になっているため、会議などの席で「××さん、何かいいアイデアはないかな？」などと振られても慌てません。

すでに頭の中で概念化されているものの中から、その場にふさわしいキーワードを選んで「そうですね。選べる×××なんてどうでしょう。じつはいま、さまざまなジャンルでカスタマイズできるものが話題になっていて……」などと、即座に意見を言うことができるのです。

頭の回転が速い人は「たとえる」のがうまい

日常でそうしたことを繰り返していると、頭の中の引き出しが増えるため、何か複雑な事柄を見聞きしても、すぐに「あのパターンかな？」と、本質的なことに気づくようになります。

図①

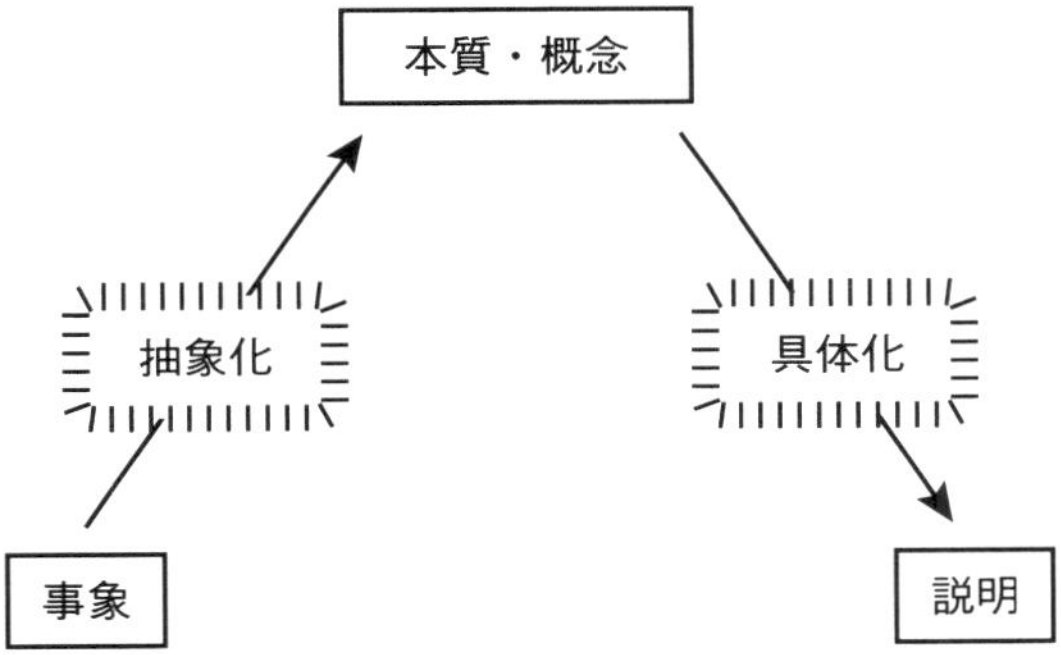

さらに、その複雑な事象の本質を具体的な言葉にすることで、短くわかりやすく説明しています。

そういう人のことを、私たちは「頭の回転が速い」と評しているわけです。

頭の回転が速い人の思考の癖を図にすると、上の図①のようになるでしょう。

第3章で「たとえ話には『難しいことをわかりやすく説明できる』効果がある」と書きましたが、たとえ話も、上の図と同じ思考法でつくられています。

ドメインを抽象化し、「ネットワークに接続しているコンピューターの住所」と概念化したうえで、それを具体的にわかりや

図②

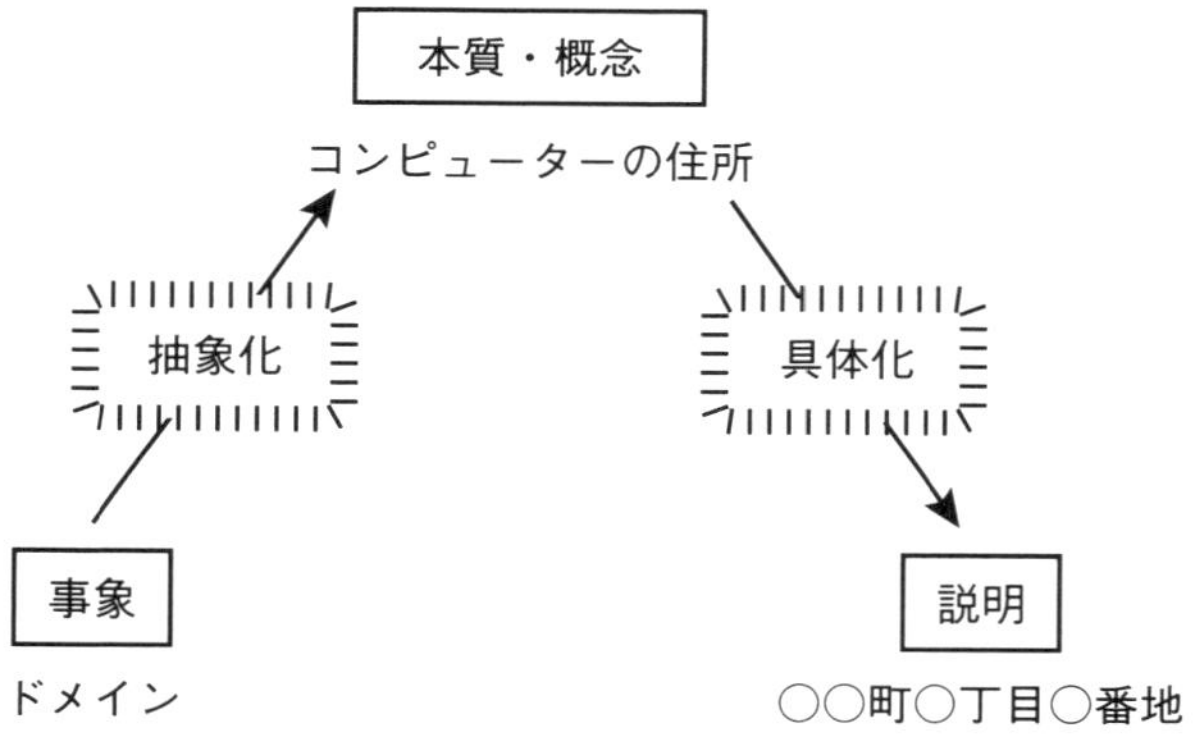

すく「○○町○丁目○番地といった住所のようなもの」といった、たとえで表現しているのです。

図で表現すると、上の図②のようになります。

第2章で、お笑い芸人たちの「合コンでイケメン俳優たちに、かわいい女の子たちを持っていかれた」といった話を、即座に「鳶に油揚げや！」と、ひと言でまとめた明石家さんまさん。

彼の頭の中でも、おそらく同じように一連の「抽象化→本質・概念→具体化」の流れが、高速でおこなわれているのではないでしょうか。

図③

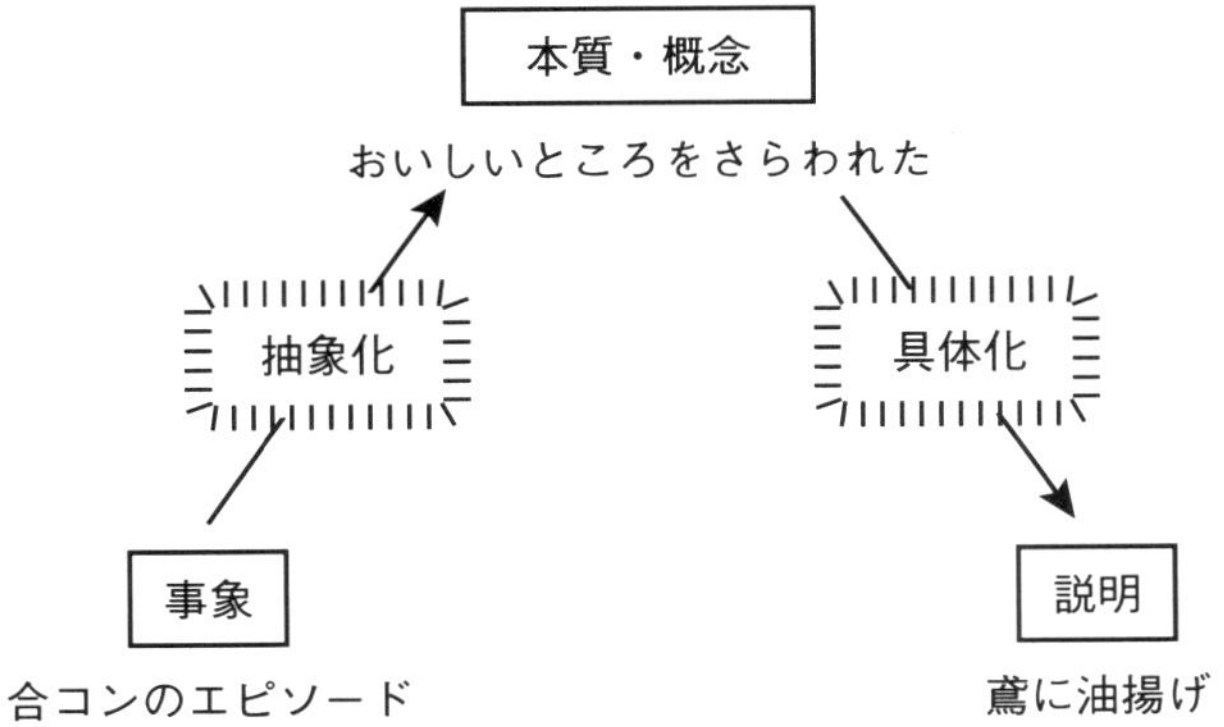

図にすると、上の図③のようなものになります。

さんまさんのほかにも「たとえツッコミ」に長《た》けた芸人の方は、こうした思考法を得意としてます。

たとえば、くりぃむしちゅーの上田晋也《うえだしんや》さん。上田さんは、男性に普通の収入では買えないようなものをいろいろと貢《みつ》がせている女性に対して、こう突っ込みます。

「かぐや姫か！　無理難題ばかりだな」

おそらく、これも「高級品ばかりを貢がせる女性」を、抽象化して「無理難題をふっかける女」と定義づけ、それを具体化することで「かぐや姫」と表現しているのではないでしょうか。

図にすると次ページの図④のようになります。

何らかの事象を見て、まずはそれを抽象化する。

そうして本質に迫ったうえで本質を具体化することで、さまざまな事情を説明しているのです。

「一」を説明して「十」をわからせる方法

「一を聞いて十を知る」といった言葉がありますが、概念化された言葉には「一を告げて十をわからせる」力もあります。

ある外資系ファストフードチェーン店の本部で長年、人材育成にたずさわっていた方に先日うかがった話が「一を告げて十をわからせる」に近いのでご紹介します。

その方が、まだ直営店の店長だったころ、アルバイトの中に、平然と遅刻を繰り返し、身だしなみも整っていない大学生がいたそうです。

図④

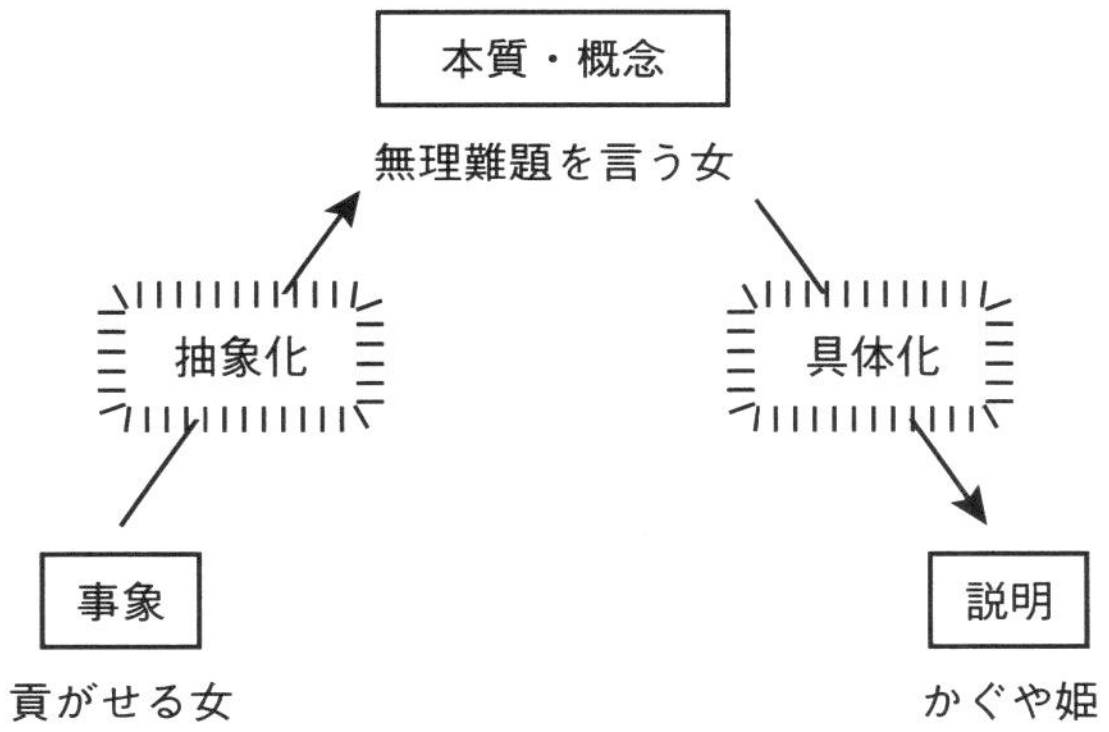

店長として、その方はことあるごとに大学生に対して「遅刻はダメだろう」とか「ボタンをちゃんと留めなさい」とか「どうしてもっと笑顔で接客できないんだ」などと、具体的に注意していたそうです。

しかし、そんなある日のこと。大学生が「そんなこと言われても、店長と自分ではもらっているお金が違う！」と逆ギレされたことがあったそうです。

そのとき、店長として「給料が違っても、制服を着て店にいる限りは、同じブランドを背負ったプロだろ。プロなら、プロらしい仕事しろ」と言い返したそうです。

「ブランドを背負ったプロ」

この言葉が、大学生には響いたようで、以来、遅刻もしなくなり、身だしなみにも気をつけるようになったそうです。

いちいち「遅刻はダメ」「ボタンを留めろ」「笑顔で接客しろ」などと、具体的な注意をしなくてもよくなったわけです。まさに、一を告げて十をわからせたのです。

概念化すればアイデアも浮かびやすい

今回は、例として「今後のヒット商品開発の参考とするため、なぜカップヌードルが、ここまで売れているのか、そのヒットの秘密を調べて、短くわかりやすく説明する」ことを試みました。

実際にこうして概念化しておくと、新たな商品の開発に役立ちます。

「ほかにも、いつでも・どこでも食べられるような、新しい商品ができないだろうか」などと考えて、概念を応用することができるからです。

カップヌードルの誕生から8年後の1979年、ソニーがウォークマンを発売して、これも世界的な大ヒットとなりました。

ウォークマンも「いつでも・どこでも」音楽を楽しめるようにしたことが、大ヒットの要因になりました。カップヌードルもウォークマンも、それまで家や車の中でしかできなかったことを、街でできるようにしました。つまり、いつでも・どこでも楽しめるようにしたことで、大ヒットとなったのです。

このように、何か別のジャンルでヒットしているものを分析して、そのヒットの理由を概念化してみましょう。もしかしたら、そのヒットの理由は、あなたが働くジャンルにも応用できるかもしれません。つまり、アイデアに結びつくのです。

自らの概念化能力を知るには？

概念化能力が高いかどうかは簡単な方法でわかります。

まずは、次ページのクイズに挑戦してください。テレビのクイズ番組でよく出題される「あるなしクイズ」です。実際に考えてみてください。右の項目と左の項目の違いは、いったいどこにあるでしょうか？

問題

ある	ない
竹	松
サメ	クジラ
目	鼻
損	得
伊達	粋
負け	勝ち

じつは「ある」の項目の言葉には、ある共通点があります。そうした共通点を見いだせる人が概念化能力の高い人です。

正解を言いましょう。「ある」にはローマ字にすると、別の英単語になる言葉が集まっているのです。

もともと概念化力の高い人は、こうした問題を解くのを得意としています。それぞれをいろんな角度から眺めてみて、共通するパターンや法則を見つけ出すのが得意なのです。普段テレビのクイズ番組を見ていて、こうした問題を得意としている人は、概念化能力の高い人と言えるでしょう。

ほかにも概念化能力の高い人には「すぐにたとえ話ができる」「似顔絵やモノマネ

解答

ある			ない
竹	→	Take	松
サメ	→	Same	クジラ
目	→	Me	鼻
損	→	Son	得
伊達	→	Date	粋
負け	→	Make	勝ち

がうまい」「図にして説明することが得意」といった特徴があるようです。

なぜなら「たとえ話」も「似顔絵やモノマネ」も「図説」も「本質を見極めたうえで具体化」しないとできないものだから。

つまり、概念化能力の高い人は、具体的なものを抽象化したり、抽象的なものを具体化したりするのを得意としているのです。

細かく言うと、具体化と抽象化を交互におこなっているということ。この抽象化と具体化の往復をたとえるなら、スマホに表示した地図のようなものです。

画面に表示した地図の縮尺を拡大して、目的の場所が広範囲の中のどの辺りに位置するか広い視野で見たり、縮尺を縮小して、細かな場所を特定したりするといったことを、頭の中で繰り返しているようなものです。その反対に「あるなしクイズ」のような問題を苦手とする人もいます。そういう人は、意識して概念化能力を高めるようにすると、できる人に近づけます。

概念化能力を鍛える「多読」と「哲学書」

こうした概念化能力を養うためには、日ごろから新しいものを見たら「これは何のためにあるのか？」と考える習慣が大切です。

たとえば、テレビのお笑い番組を見たら「この芸人は、なぜおもしろいのか？」を考える。広告を見たら「このCMはどんなターゲットにどんなことを訴えているのか？」を考える。そうやって「なぜ・なんのため」を意識して世の中を見ること。それが概念化能力を鍛《きた》える方法のひとつです。

月曜の深夜、日本テレビ系で関ジャニ∞の村上信五《むらかみしんご》さんと、マツコ・デラックスさんが司会をしている番組「月曜から夜ふかし」で以前、おもしろい企画がありました。

世の中にある「これはいったい、何のためにあるのだろう？」と思うものの存在意義を探る企画で「なぜドライヤーにCOLDがあるのか？」とか「三角定規の穴は何のために開いているのか」といった謎を、直接メーカーにたずねる企画でした。

答えは、ドライヤーにCOLDが存在するのは髪の毛に艶《つや》を出すため。温風と冷風を交互に使いながら乾かすと、キューティクルが整ってきれいに乾き、艶が出るそうです。また、三角定規の穴は、穴から空気を逃すことで、紙の上を滑りやすくするために存在するそうです。

一見、わからないものでも、必ず「なぜ・何のため」は存在します。

何を見聞きしても「なぜ・何のため」を考えてみることにしましょう。そうすることで、概念化能力が鍛えられます。

具体的な方法として、最も概念化能力が鍛えられるのは、自分がいつも読んでいるジャンルとは異なる分野の本を読むことです。それだけで視野が広がり、知識や語彙《ごい》も増えます。幅広い知識があれば、さまざまなパターンの組み合わせが可能になります。また語彙が増えれば、本質を具体的な言葉にするときにも役立ちます。

何より、いろんなジャンルの本を多読すれば、世の中にはさまざまなものの見方があることに気づかされます。視点を変えて、いろんな角度から物事を見れば、本質にも迫りやすくなります。

芸術に興味がなくても美術書を読んだり、理科に関心がなくても化学の入門書を読んでみたりする。そうすると、自分がよく知っているジャンルにも共通することが書いてあったりします。そうしたつながりに気づくことが、概念化能力の強化につながるのではないでしょうか。

なかでも、おすすめは哲学書です。抽象的なことしか書かれていませんから、それを自分の頭の中で具体化しながら読むと、概念化思考力が確実に鍛えられます。

ちなみに、とくにおすすめしたい哲学書は、次の3冊です。

まず『14歳からの哲学』（池田晶子著／トランスビュー）。タイトルに「14歳からの」とありますが、大人が読んでも読み応えがあります。入門書として最適です。

次に『これからの「正義」の話をしよう』（マイケル・サンデル著／鬼澤忍訳／ハヤカワ・ノンフィクション文庫）。NHKでも放送した「ハーバード白熱教室」のマイケル・サンデル教授の本で、ベストセラーになりました。

最後に『ツァラトゥストラはこう言った（上下）』（フリードリヒ・ニーチェ著／氷上英

廣訳／岩波文庫）。電車やカフェで読んでいると、かっこよく見える本です。ただ、難解なので、途中で挫折《ざせつ》してしまうかもしれません。まずは上巻から挑戦してみましょう。

また、具体的に書かれたものを抽象化して読むトレーニングになるものもあります。それが『聖書』や、釈迦《しゃか》の言葉を集めた本です。キリストやお釈迦様の言葉は、その多くがたとえ話です。彼らのたとえ話を読みながら「要するに何が言いたいのか」を考えると、抽象化思考を鍛えるよいトレーニングになります。

「謎かけ」なら楽しみながら鍛えられる

ほかにも、楽しみながら概念化能力を鍛える方法があります。その方法こそが「謎かけ」です。

たとえば「〝××さん〟とかけて、何と解く？」という出題者の問いに、解答者は「〝ろうそく〟と解く」と答えます。

出題者が「そのココロは？」と再び問いかけると、解答者も「身を削ってまわりを明るくしています」などと答えるかけ合いの芸です。

この謎かけの構造も、概念化の思考プロセスとまったく同じです。先ほどの例を「抽

図⑤

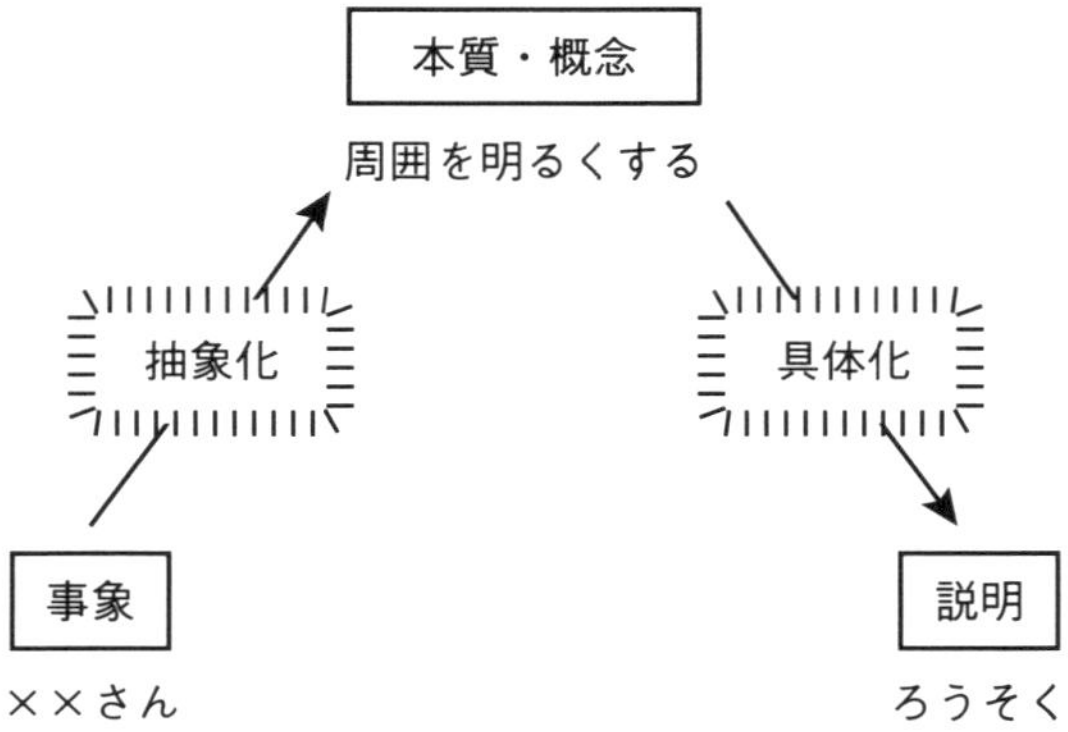

象化→本質・概念→具体化」の図に当てはめると、上の図⑤のようになります。

このように、謎かけを考えるときは「××さん」というお題を抽象化し、「いつもまわりを明るくしている」と、その特性を導き出したうえで、「ろうそく」という答えにたどり着いています。目についたものをお題にして、謎かけを考えてみるトレーニングをおこなえば、楽しみながら概念化能力が高まりますよ。

第6章

メールも「短い」ほうが「わかりやすい」

「説明」と「メール」には共通点が多い

ビジネスメールのコツはたったひとつ！

ビジネスシーンでのコミュニケーションは、いまやメールが主流となりました。つまり「書く」ことが、ビジネスコミュニケーションのメインの手段となっているのです。

なかには、文章に苦手意識を持っていて「メールを書くのが苦手だ」「メールを書くことに時間がかかる」と嘆く人もいます。

ですが、そんな人もご安心ください。ビジネスメールのコツは、たったひとつしかないのですから。

そのコツが「短くわかりやすく書く」ことです。

長いメールは長い説明と同じで、何が言いたいのかが相手に伝わりません。

といっても、短いだけで中身がなければ、ビジネスパーソンとして失格です。口頭で説明する場合と同じく、必要な情報を短く伝える。これが、ビジネスメールに求められることです。

そこで、この章では短くてわかりやすいメールの書き方をご紹介します。そのノウハウも、ここまでお読みいただいた「短くてわかりやすい説明の仕方」と、さまざまな共通点があります。

ですから、少し応用するだけで明日からでも使えますよ。

まずは件名で「テーマ」と「ジャンル」を伝える

第3章で、短くてわかりやすい説明のコツとして「最初にテーマを振る」ことの大切さを書きました。ビジネスメールでも、それは同じです。

メールで相手が最初に目にする部分、つまり「件名」でテーマを伝えましょう。これから読んでもらうことが、どんな案件について知らせるために送ったメールなのかを、はっきりわかるように書きましょう。

よくあるのが、受信ボックスの件名を見ただけでは中身がわからない、次のような例です。

× いつもお世話になっております
× 山田です
× 突然のメール、失礼いたします

これでは中身がうかがい知れません。もう少し具体性を持たせましょう。

△ 企画会議の件について
△ ＊＊＊の販促について
△ ＊＊＊のプレゼン資料について

対象が書き込まれて、やや具体的にはなりましたが、できるビジネスパーソンを目指すなら、もっとテーマを明確にしましょう。

説明の場合と同じく、どんな「ジャンル」なのかを明確にするのです。

○ 企画会議の準備についてご相談
○ ＊＊＊の販促についてご報告
○ ＊＊＊のプレゼン資料ご確認のお願い

こうしてジャンルを書けば、受け取った相手は「自分はどういうつもりで読めばよいのか」が、頭の中に準備ができるので、理解してもらいやすくなります。

さらに、こうして具体的な件名を書けば、相手はわざわざメールを開かなくても、重要度や優先度も判断できます。

冒頭の「あいさつ文」は相手に合わせたものに

件名を書いたら本文に入りますが、ビジネスメールでは本文の冒頭に、以下のような「あいさつ文と名乗り」を書くのが主流です。

○○○○株式会社　××様
お世話になっております。
株式会社＊＊＊＊の山田でございます。

時間を短縮するなら、ワープロソフトのユーザー辞書登録（コントロールキー＋F7）で「おせ」と打ったら「お世話になっております。株式会社＊＊＊＊の山田でございます。」と変換するようにしておくと便利です。

ただ、あいさつ文は本文冒頭のつかみでもあります。ここを少し工夫するだけで、ライバルに差をつけられます。

もちろん、長々と時候のあいさつなどをする必要はありません。**私がおすすめするのは、××さん宛ならば「××さん個人に宛てて書いている」ことを明確に示すことです。**

たとえば、××さんに先日、ごちそうになったのなら、いつもの「お世話になっております」ではなく「先日は、ごちそうさまでした」に変える。

あるいは昨日、対面して打ち合わせをしたなら「昨日はありがとうございました」に。久しぶりのメールなら「ご無沙汰《ぶさた》しております」と表現を少し変えるだけで、人間的な温かみが出ます。

テレビは視聴率1％で数百万人が見ていることになるメディアです。ですから、視聴者に呼びかける際も、正確には「テレビの前のみなさん」が、より正しいのでしょうが、多くの番組では「**テレビの前のあなた**」とします。

そうするだけで、視聴者との距離が近くなると考えるからです。

メールのあいさつ文も同じです。毎回「お世話になっております」では、距離を感じます。

××さん個人に送るなら、「××さん、あなたに向けて書いているのですよ」とわかる表現にしたほうが、××さんとの距離が縮まります。

できる人ほど「本文が短い」理由

送信と返信では目的が違う

送信の場合は「伝えたい用件がある」「承認してもらう必要がある」「アポイントを取りたい」など、自分サイドの目的になります。ですから、それを件名として、簡単なあいさつ文を書いたら、すぐ本文に入ります。

本文の冒頭には、件名をやや詳しくした要旨、メールの全体像を伝えます。たとえば「新商品の企画会議の準備についてご相談」が件名なら、以下のようになるでしょう。

・来週月曜の企画会議に用意する資料について、相談させてください。

・来週月曜の企画会議の会議室について相談いたします。

・来週月曜の企画会議にてファシリテーターをお願いできないか相談いたします。

このように、件名をより具体化して、本文の冒頭に持ってきます。

返信では相手の最も重要な「問い」に答える

返信の場合は、すでに相手から何かを問われている場合が大半です。ですから、簡単なあいさつ文のあとの冒頭には、最も重要な問いに対する答えを書きましょう。

・編集者から原稿の進捗状況を問われているなら。
↓「ご連絡ありがとうございます。
　お約束の月末にはお届けできます。」

・資料請求の要請に応えるなら……
↓「この度は＊＊＊の資料請求をいただきまして、誠にありがとうございます。
　ご要望の資料を添付いたします。ご確認くださいますようお願いいたします。」

・参加・不参加を問われていて、参加できるなら……

↓「お誘いありがとうございます。

ぜひ参加させてください。」

このように簡単なあいさつ文のあとにすぐ、相手が最も知りたがっている問いに答えましょう。

ただし、参加・不参加を問われて「不参加」の場合なら、少しクッションとなる言葉を挟んでから、それを告げます。

↓「お誘いありがとうございます。

あいにくその日は所用があり、残念ですが参加できません。」

送信でも「結論ファースト」が鉄則

ビジネスメールも説明の場合と同じく、なるべく早く結論を書くことが大切です。

まずは次のメール①を読み、続いて210ページのメール②を読んでみてください。

【メール①】

件名：株式会社＊＊＊＊の清田と申します

鈴木一郎　様

初めてメールさせていただきます。
株式会社＊＊＊＊の清田太郎と申します。

ご著書の『×××』、先日、書店に行ったところ、
タイトルに惹かれて読ませていただきました。
私どももアイデアで新商品を世に送り出すことが使命ですので、ご著書に書かれていた考え方には共感いたしました。
（※中略）

我が社でもご著書に書かれたノウハウを社員たちにすすめております。
つきましては来春、新入社員向けにセミナーをおこなうので、そこで講演をお願いできないでしょうか。
ご多忙とは存じますが、ご検討のほどよろしくお願いいたします。

【メール②】

件名：新入社員セミナー　ご講演の依頼

鈴木一郎　様

株式会社＊＊＊＊の清田太郎と申します。
突然のメール、失礼いたします。

来春、弊社にておこなう新入社員研修セミナーにて、
鈴木先生にぜひご講演をお願いいたしたく、
ご連絡させていただきました。

ご著書『×××』は、示唆に富み
先生のお話は、わが社の新入社員にとって
貴重なものになると確信しております。

ご多用中のところ誠に恐縮ですが、
下記のようなテーマ、および条件にて
ご講演をお願いできればと考えております。（以下略）

両者を比べてみて、いかがでしょうか？

このメールの目的、つまり結論は「講演を依頼すること」です。

しかし最初のメール①は、そこに至るまでの感想が長いため、読み手がその本来の目的にたどり着くまでに疲れてしまいます。

「何が言いたいのだろう？」となり、最悪の場合、途中で読むのをやめてしまうかもしれません。ですが、前ページのメール②のように結論ファーストなら、本来の目的までが短く、わかりやすく伝わります。

さらに、結論を書いたら、その理由や詳細、結論のポイントなどを続けていきましょう。その場合に便利なのが、前述したＰＲＤ法とスリーポイント法なのです。

「ＰＲＤ法」と「スリーポイント法」の活用

「結論・理由・詳細」の道筋がわかりやすい！

最初に結論を述べて、次にその理由を添え、続いて詳細をフォローするのがＰＲＤ法の型でした。

これをベースにして書けば、短くわかりやすいメールがすぐに組み立てられます。

まずは次ページに、整理されていないメール①を紹介します。ここから「結論」「理由」「詳細」を抜き出し、型にはめてみてください。

このメールを「結論」「理由」「詳細」に分けるとしたら、次のようになります。

【メール①】

件名：弊社カタログ増刷についてのお願い

株式会社○○印刷
営業部　山田様

平素より、大変お世話になっております。
××株式会社・営業部の佐藤です。

先日、発注いたしました弊社商品のカタログですが、
おかげさまで大変好評です。
ユーザーからも資料請求が相次ぎ、
弊社の在庫も少なくなってまいりました。

つきましては、来月半ばまでに
発送していただければよいので、
新たに５万部の増刷をお願いできないでしょうか。
引き続き、どうぞよろしくお願いいたします。

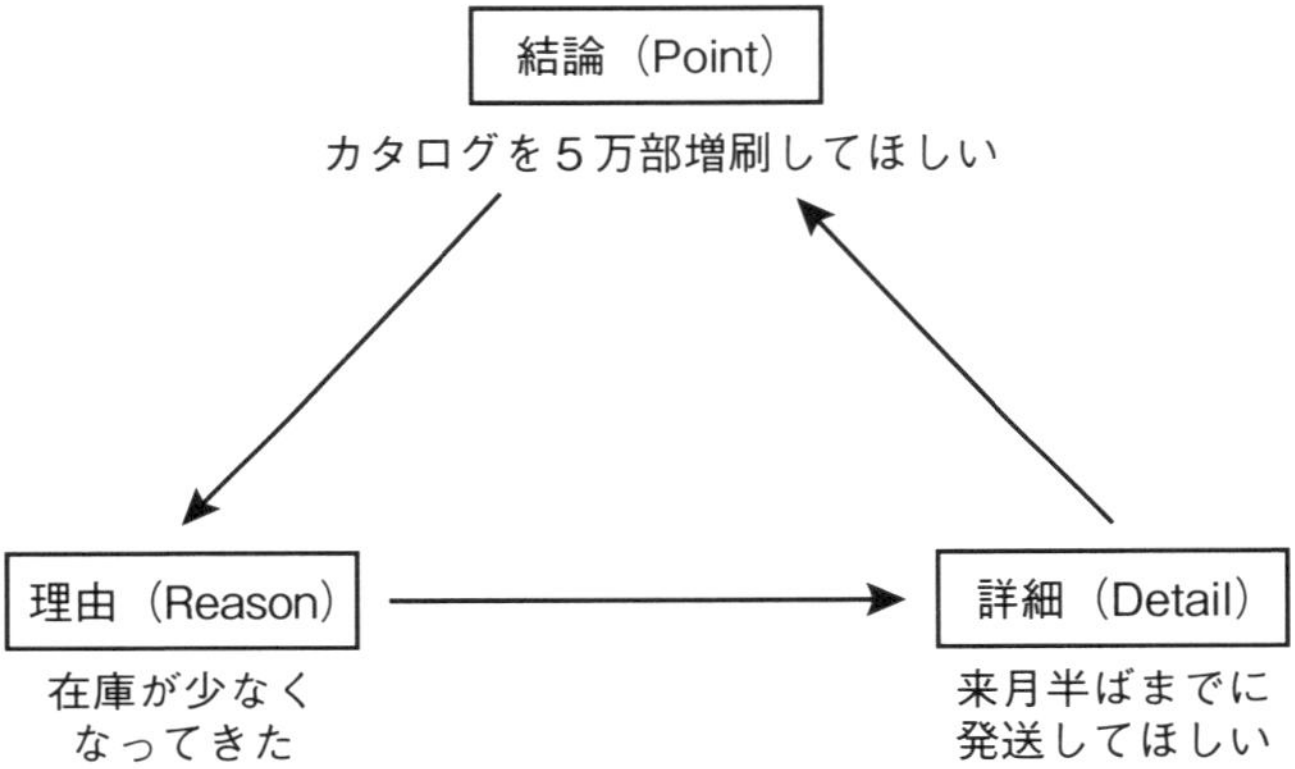

・結論……カタログを5万部増刷してほしい
・理由……在庫が少なくなってきた
・詳細……来月半ばまでに発送してほしい

図にすると上のようになります。

これをＰＲＤ法に従って整理したのが次ページのメール②ですが、いかがでしょうか。

ＰＲＤ法によるスッキリした伝え方が実感できたかと思います。

【メール②】

件名：弊社カタログ増刷についてのお願い

株式会社〇〇印刷
営業部　山田様

平素より、大変お世話になっております。
××株式会社・営業部の佐藤です。

先日、発注いたしました弊社商品のカタログ、
新たに５万部の増刷をお願いできないでしょうか。

おかげさまでユーザーから資料請求が相次ぎ、
在庫が少なくなってきたためです。

来月半ばまでに発送していただければ幸いです。
引き続き、どうぞよろしくお願いいたします。

箇条書きのメールはとくに伝わりやすい

次に、スリーポイント法の型をおさらいしておきましょう。この方法は、伝えたいことを「箇条書き」で書くメールに適しています。

ビジネスメールは「必要なことだけ書いて、余計なことは書かない」が大原則。その点、箇条書きなら要素を並べるだけですので、余計なことが入り込む余地が少なくなります。

またメールは「読む」のではなく「見る」感覚に近いため、ぱっと見て要点がわかる箇条書きにしたほうが、受け手がストレスを感じません。

さらに、箇条書きは書くほうにとっても、文字量を少なくできるため、早く書きあげることができます。ですから、なるべく箇条書きにしましょう。

箇条書きに適しているのは、「特徴」「課題」「質問」といった、同じレベルで「並列」にあるものです。実際に「質問」を並列にしてみましょう。

次ページに、メールの例をふたつ並べます。まず通常のメールのほうですが、これで

【通常のメール】

来月１日（金）におこなわれる、○○のイベントですが、どこで開催されるのでしょう？　また時間についても教えてください。
あと当日が雨になった場合、イベントはどうなるのでしょうか。
お手数をおかけしますが、ご回答ください。

【箇条書きのメール】

来月１日（金）におこなわれる○○のイベントについて、３つ教えてください。

１：開催場所
２：開催時間
３：雨天の場合の対応

以上、お手数をおかけしますが、ご回答ください。

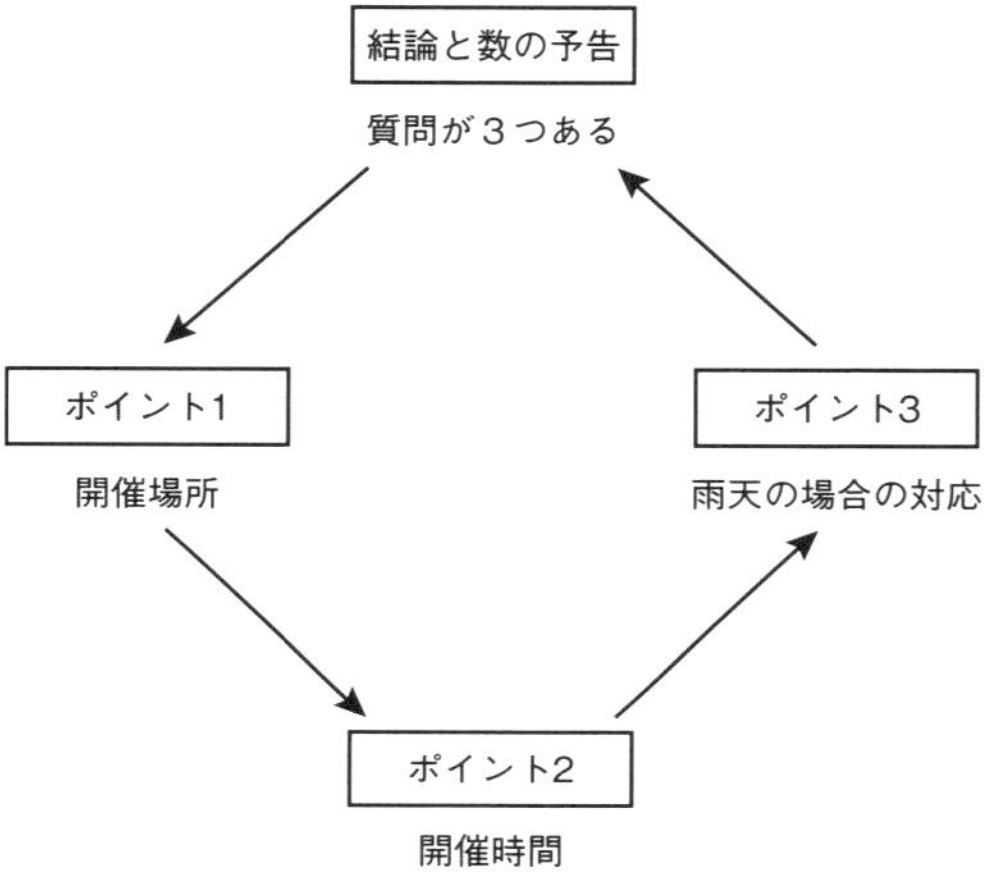

は文章の中に質問が埋もれた状態ですので、相手が質問を見落とす可能性があります。

一方、箇条書きのメールであれば、質問項目が明確になっているため、相手が３つの質問を明確に理解できます。

返信の際も、引用返信がしやすいため、正確な回答が得られるでしょう。図にすると上のようになります。

用件や質問が複数あるときには、スリーポイント法をベースにした箇条書きで、短くわかりやすい書き方にしましょう。

メールは読むものではなく「見る」もの

メールも「短さ」「わかりやすさ」に気をつける

短くてわかりやすいメールを書く際に気をつけることも、説明の場合と同じです。

・一度に伝えることをひとつに絞る
・結論から始める
・あいまいな表現を避ける　↓　数字で言えるものは数字で書く
・言葉のムダを省く
・相手に理解できる言葉で書く
・肯定的な表現を心がける

【メール①】

××主任
お疲れ様です。△△です。先ほどA社から、納入ミスの連絡があり、至急来社してほしいとの連絡がありました。これからA社に向かいますので、本日は事務所に戻れません。何かありましたら、お手数ですが、私の携帯電話にメッセージを残しておいていただけますか。追って対応いたします。お手数ですが、よろしくお願いいたします。

これらの基本は、口頭での短くてわかりやすい説明のノウハウとまったく同じです。

あなたも、この基本を身につければ、説明するにもメールを書くにも困りません。

違いをあげるとしたら、説明は聞くもので、メールは読むものです。ただ、もっと正確に言えば、メールは読むものではなく、見るものなのです。

次の①と②のふたつのメール、どちらが見やすいでしょうか？

見やすいのは当然、後者です。前者のような書き方だと、そもそも読む気も起きません。

【メール②】

××主任
お疲れ様です。△△です。

先ほどＡ社から、納入ミスの連絡があり、
至急来社してほしいと連絡がありました。
これからＡ社に向かいますので、
本日は事務所に戻れません。

何かありましたら、お手数ですが、
私の携帯電話にメッセージを
残しておいていただけますか。

追って対応いたします。
お手数ですが、よろしくお願いいたします。

見づらい悪い例は「政治家のフリップ」

よく国会中継で、政治家がフリップをテレビカメラに見せながら質問することがありますが、字をいっぱい詰めすぎていて、見る気も起きないケースがほとんどです。

そうなるのは、政治家がフリップを「読むもの」と勘違いしているから。テレビの世界では、フリップはあくまで見せるものです。

メールも同じで、あくまで見るものと心得ておきましょう。そう考えれば、前者のようなメールがダメなのは、当たり前です。

繰り返しになりますが、短くてわかりやすい説明とメールの基本部分はほぼ同じです。つまり、わかりやすいメールを書くように心がけていれば、説明も上手になります。

こうした基本を身につけて、できるビジネスパーソンを目指しましょう。

石田章洋（いしだ・あきひろ）
1963年、岡山県生まれ。放送作家。日本脚本家連盟員、日本放送協会会員、テレビ朝日アスク放送作家教室講師、市川森一・藤本義一記念東京作家大学講師。
30年にわたり各キー局のバラエティ番組・情報番組・クイズ番組・報道番組など、あらゆるジャンルのテレビ番組の企画・構成を担当。主な担当番組は「世界ふしぎ発見！（TBS）」「TVチャンピオン（テレビ東京）」など。手がけた番組の合計視聴率は5万％を超える。構成を担当した「世界ふしぎ発見！〜エディ・タウンゼント 青コーナーの履歴書」が、第45回コロンバス国際フィルム＆ビデオ・フェスティバルで優秀作品賞を受賞するなど、番組の企画・構成に関して高い評価を受けている。
主な著書は『企画は、ひと言。』『おもしろい伝え方の公式』（以上、日本能率協会マネジメントセンター）、『スルーされない技術』（かんき出版）、『インクルージョン思考』（大和書房）、『一瞬で心をつかむ文章術』（明日香出版社）など多数。

カバーデザイン　Art of Noise（一瀬錠二）
本文デザイン・DTP　朝日メディアインターナショナル
編集担当　丑久保和哉（WAVE出版）

ひと言で伝えろ
できる人は「誰でも」「短く」話している

2018年8月15日第1版第1刷発行

著　者　石田章洋
発行者　玉越直人
発行所　WAVE出版
〒102-0074　東京都千代田区九段南3-9-12
TEL 03-3261-3713　FAX 03-3261-3823
振替 00100-7-366376
E-mail: info@wave-publishers.co.jp
http://www.wave-publishers.co.jp
印刷・製本　シナノパブリッシングプレス

NDC159　222p　19cm　ISBN978-4-86621-164-0